贵州民族大学学术文库

城市规模对城镇居民收入增长的影响研究

梁艳菊 著

西南交通大学出版社
·成都·

图书在版编目（CIP）数据

城市规模对城镇居民收入增长的影响研究 / 梁艳菊著. —成都：西南交通大学出版社，2018.7
ISBN 978-7-5643-6279-9

Ⅰ. ①城… Ⅱ. ①梁… Ⅲ. ①城市化 – 影响 – 居民收入 – 研究 – 中国 Ⅳ. ①F299.21②F126.2

中国版本图书馆 CIP 数据核字（2018）第 156044 号

城市规模对城镇居民收入增长的影响研究	梁艳菊 著	责任编辑	张宝华
		封面设计	墨创文化

印张	8.75	字数	148 千	出版发行	西南交通大学出版社
成品尺寸	170 mm×230 mm			网址	http://www.xnjdcbs.com
版次	2018 年 7 月第 1 版			地址	四川省成都市二环路北一段111号 西南交通大学创新大厦21楼
印次	2018 年 7 月第 1 次			邮政编码	610031
印刷	成都蓉军广告印务有限责任公司			发行部电话	028-87600564　028-87600533
书号	ISBN 978-7-5643-6279-9			定价	48.00 元

图书如有印装质量问题　本社负责退换
版权所有　盗版必究　举报电话：028-87600562

前　言

　　城市化是我国 21 世纪发展进程中要解决的一个突出问题。城市化问题之所以为各国所关注，是因为城市化与经济发展密切相关。一方面，一个国家或地区的城市化程度，归根结底取决于该国家或地区的工业化水平和经济结构优化程度；另一方面，城市的聚集效应和规模效应又反过来促进该国家或地区的工业化和经济的快速发展。城市化对一个国家或地区的工业化进程和经济增长等方面都有着不可或缺的正影响，但过度城市化对国民经济的发展并没有好处，因此，适度的城市化和城市发展规模问题便成为国内外学者们又一个争论和探讨的焦点。

　　我国的经济发展已经进入新常态，城市化进程也在不断加快，而对于城市规模问题的争论仍然在继续。虽然对于最优城市规模的界定众说不一，但归根结底围绕的基本点却是一个最基础的问题，即判断最优城市化和城市规模的标准是什么？城市总体效率、经济的聚集效应、经济增长、农业规模效益和农民收入的增长等，都可以作为衡量和判断最优城市化和城市规模的标准，并且，在这些标准下，不同学者得出了不同的城市发展最优规模区间。

　　本研究选择从促进城镇居民收入增长的角度来分析和考察，究竟城市规模控制在多大范围内对城镇居民收入增长和生活水平的提高才是有效率的。本研究运用最小二乘法（OLS）、工具变量估计和分位数回归的计量方法，以中国家庭住户收入调查数据（CHIP）2009 作为研究样本，来实证研究和分析城市规模对城镇居民收入增长的影响以及影响机制，并在实证结果的基础上，提出相应的促进城镇居民收入增长和城市化建设的政策建议。

　　本研究重点做了以下几个方面的工作：第一，在控制个人特征变量和城市特征变量的基础上，考察城市规模对城镇居民收入增长的影响，并确定促进城镇居民收入增长最大化的城市规模区间；第二，分行业探讨和对比城市规模对不同行业城镇居民收入增长的影响；第三，进一步探讨城市规模对不同技能水平和不同收入水平城镇居民收入增长的影响，并判断城市人口数量的增加和经济活动的集聚，是拉大了城镇居民内部收入的差距，还是缩小了城镇居民内部收入的差距；第四，从就业、人力资本和技术的外部效应、城市发展成本和制度效率的角度，考察城市规模对城镇居民收入增长的影响机制；第五，弥补样本 CHIP2009 的缺陷，利用经济发展和城市化建设较落后的贵州省调研数据，检验前面部分实证研究的结论是否具有普遍适用性；第六，在前述研究的基础上，对我国当前和未来一段时间的城市化建设，提出一些政策建议。

研究结果表明：

（1）在一定的范围内，城市规模对城镇居民收入增长具有显著的正向拉动作用，且这种拉动作用呈现倒"U"型态势，即促进城镇居民收入增长最大化的城市规模是存在的，且由实证研究的结果来看，在其他因素不变的情况下，促进城镇居民收入增长最大化的城市规模将落在 286.78 万人至 289.45 万人的区间上。

（2）从差异性实证检验的结果来看：

① 城市规模对不同技能水平城镇居民收入的增长，都具有显著的促进作用，并且随着技能水平的提高，城市规模对城镇居民收入增长的促进作用越来越大。

② 城市规模对劳动密集型行业和资金密集型行业城镇居民收入的增长，都具有显著的促进作用。且相对于资金密集型行业而言，城市规模对劳动密集型行业城镇居民收入增长的促进作用更大。

③ 城市规模对垄断程度较高行业和垄断程度较低行业城镇居民收入的增长，都具有显著的拉动和促进作用。且与垄断程度较低行业相比，城市规模对垄断程度较高行业城镇居民收入增长的拉动作用更大，即垄断程度较高行业城镇居民，从人口和经济活动聚集中获益更大。

④ 城市规模对不可贸易品部门和可贸易品部门城镇居民收入的增长，都有显著的正向拉动作用。且对不可贸易品部门城镇居民收入增长的拉动作用更大，不可贸易品部门或行业的城镇居民，从城市人口数量增加和经济聚集中得到的收益也更大。

⑤ 人口和经济活动的集聚，对第一产业、第二产业和第三产业城镇居民的收入增长，都具有显著的促进作用。且随着城市人口的不断增加，第二产业城镇居民收入的增长幅度最大，第一产业城镇居民收入增长幅度最小，即第二产业城镇居民从人口和经济集聚中获益最大，其次是第三产业城镇居民，第一产业城镇居民从人口和经济集聚中获益最小。

⑥ 城市规模对不同收入组城镇居民收入的增长，都具有显著的促进作用。并且，与高收入组城镇居民相比，城市规模对低收入组城镇居民收入

增长的拉动作用更大。城镇居民内部收入差距的不断扩大不是城市化的必然结果，人口和经济活动的进一步集聚将起到缩小城镇居民内部收入差距的作用。

（3）城市规模对城镇居民就业概率的提高，具有显著的促进和拉动作用，特别是对低技能组城镇居民而言，人口和经济活动集聚为其带来的好处将更大。即通过促进就业，拉动城镇居民收入的增长和生活水平的提高，是城市规模影响城镇居民收入，特别是低技能组城镇居民收入的重要途径。

（4）人口和经济活动的集聚，促进了人力资本密集行业和非人力资本密集行业城镇居民收入的增长，且与非人力资本密集行业相比，城市规模对人力资本密集行业城镇居民收入增长的拉动作用更大。这说明人力资本的外部效应是城市规模拉动城镇居民收入增长，特别是人力资本密集行业城镇居民收入增长的一条重要途径。

（5）城市规模显著促进了技术密集型行业和非技术密集行业城镇居民收入的增长，且对技术密集型行业城镇居民收入增长的拉动作用更大。这说明城市规模可以通过技术外溢，作用于城镇居民，特别是技术密集型行业城镇居民收入的增长，即技术外溢也是城市规模促进城镇居民收入增长的一条重要途径。

（6）城市规模还可以通过降低成本和提高制度效率，作用于城镇居民收入的增长。但就业机制、人力资本和技术的外溢效应则是城市规模影响城镇居民收入增长的根本机制。

（7）由贵州省调研数据的实证分析发现：在一定的范围内，城市规模对城镇居民收入增长具有正向拉动作用，且该拉动作用呈现倒"U"型态势，这说明利用 CHIP2009 数据所得出的关于城市规模对城镇居民收入增长影响的实证结论，具有普遍适用性；关于城市规模对不同行业城镇居民收入增长的影响，实证结果与利用 CHIP2009 得到的研究结果不一致，说明基于数据 CHIP2009 得到的研究结论,对经济欠发达和城市化建设较落后的贵州地区不适用；关于城市规模对不同技能水平和不同收入组城镇居民收入增长的影响，实证结果与利用 CHIP2009 数据得到的研究结论也不尽相同；对影响机制的检验，得出的结论与利用 CHIP2009 数据得到的研究结果也不一致。

（8）为促进我国城市化建设的进一步发展，应坚持沿用大力发展大城市的政策，通过政府引导和市场机制，促进中小城市向大城市扩张；改善市场软环境，引导资源向中小城市集聚，并促进其向大城市扩张；有条件地开放户籍制度，不同城市规模予以不同的户籍开放度；建立有效的制度运行机制和政策执行机制。

本研究尝试在以下几方面做了些工作：第一，实证研究城市规模对城镇居民收入增长的影响，并从实现城镇居民收入最大化的角度去寻求城市发展的合理规模；第二，从城市规模的角度，去寻找城镇居民内部收入差距扩大的原因或解决途径；第三，分行业探讨城市规模对不同行业城镇居民收入增长的影响；第四，实证分析城市规模对城镇居民收入增长的影响机制；第五，对经济发展和城市化建设较落后的地区进行调研，以弥补CHIP2009数据的不足，并以此检验利用CHIP2009数据得到的研究结论的普遍适用性。

本研究也存在不足之处，其后续研究工作可以尝试从以下几个方面进行：第一，后续研究可以以城镇居民可支配收入作为衡量城镇居民收入水平的标准，进而考察城市规模对城镇居民收入增长的影响及其影响机制；第二，可以按照城市人口规模对城市进行分组，讨论对于不同等级、不同人口规模城市，人口规模对城镇居民收入增长的影响及影响机制；同时，还可以进一步考察，是否存在促进城镇居民收入增长最大化的城市规模，如果存在，该城市规模大致落在什么样的范围内；第三，可以按照地区对城市进行分组，讨论不同地区的城市，人口规模对城镇居民收入增长的影响，并进一步考察，不同地区是否存在使城镇居民收入最大化的城市规模，如果存在，该城市规模应落在什么样的区间内；第四，用经验数据验证或检验，城市规模如何通过提高制度效率或降低城市发展成本，来影响城镇居民收入增长。

在本书的写作过程中，十分感激陈爱民教授的指导；感激父母兄嫂的督促；感激爱人和儿子的大力支持；感激陈刚教授、高洁师姐、方江涛师姐、常乃磊师兄、陈队师弟的关心和帮助；感激调研团队的辛苦和努力，在此，向你们致以我最诚挚的谢意！

鉴于作者水平有限，书中难免存在不妥之处，恳请广大读者批评指正。

作者

2018 年 5 月

目 录

1 导 言 ·· 1
  1.1 研究背景 ·· 1
  1.2 研究目的和意义 ·· 11
    1.2.1 理论意义 ·· 11
    1.2.2 实践意义 ·· 12
  1.3 研究方法 ·· 13
  1.4 研究结构 ·· 13
    1.4.1 研究框架 ·· 13
    1.4.2 内容安排 ·· 15
  1.5 主要创新点与不足 ·· 16
    1.5.1 主要创新点 ··· 16
    1.5.2 存在的不足 ··· 17

2 城市规模及其对居民收入影响的文献综述 ································· 18
  2.1 城市化对居民收入的影响机理探讨 ···································· 18
    2.1.1 聚集经济的作用 ·· 18
    2.1.2 人力资本的外溢效应 ·· 19
    2.1.3 技术创新 ·· 19
    2.1.4 城市体系的外部性 ··· 19
  2.2 最佳城市规模探讨 ·· 21
    2.2.1 净聚集效应最大 ·· 21
    2.2.2 对经济增长的拉动作用最大 ······································· 23
    2.2.3 城市效率最佳 ·· 25
    2.2.4 成本最小 ·· 26
  2.3 城市规模对居民收入的影响 ··· 27
    2.3.1 城市规模对居民收入的影响 ······································· 28

2.3.2　城市规模对居民收入差距的影响 ……………………… 29
　2.4　大城市对居民收入的影响 ………………………………………… 30

3　城市规模对城镇居民收入影响的实证分析 …………………………… 33
　3.1　数据与模型 ………………………………………………………… 33
　3.2　城市规模对居民收入影响的 OLS 估计 …………………………… 40
　　3.2.1　最小二乘法 …………………………………………… 40
　　3.2.2　估计结果及其分析 …………………………………… 41
　3.3　工具变量估计 ……………………………………………………… 47
　　3.3.1　工具变量回归 ………………………………………… 47
　　3.3.2　估计结果及其分析 …………………………………… 49
　3.4　城市规模对城镇居民收入影响的差异性分析 …………………… 54
　　3.4.1　对不同技能组城镇居民收入的影响 ………………… 54
　　3.4.2　对不同行业城镇居民收入的影响 …………………… 57
　　3.4.3　对不同产业城镇居民收入的影响 …………………… 65
　　3.4.4　对城镇居民内部收入差距的影响 …………………… 67

4　城市规模对城镇居民收入增长的影响机制分析 ……………………… 74
　4.1　就业机制 …………………………………………………………… 74
　4.2　知识、技术外溢和聚集经济 ……………………………………… 82
　　4.2.1　知识外溢 ……………………………………………… 82
　　4.2.2　技术外溢 ……………………………………………… 86
　　4.2.3　聚集经济和成本 ……………………………………… 90
　4.3　制度效率 …………………………………………………………… 91

5　城市规模与居民收入：来自贵州省经验数据的检验 ………………… 94
　5.1　数据与模型 ………………………………………………………… 94
　5.2　城市规模对城镇居民收入影响的实证分析 ……………………… 98
　5.3　城市规模对城镇居民收入影响的差异化分析 …………………… 101
　　5.3.1　对不同技能水平城镇居民的影响 …………………… 101
　　5.3.2　对不同行业城镇居民收入的影响 …………………… 102

  5.3.3 对不同产业城镇居民收入增长的影响 …………………… 105
 5.4 城市规模对城镇居民内部收入差距的影响 ………………………… 106
 5.5 城市规模影响城镇居民收入的机制 ………………………………… 108
 5.6 结论 …………………………………………………………………… 110

6 研究结论和政策设计 ……………………………………………………… 113
 6.1 研究结论 ……………………………………………………………… 113
  6.1.1 基于CHIP2009的研究结论 ………………………………… 113
  6.1.2 基于GZURICS2014的研究结论 …………………………… 115
 6.2 政策设计 ……………………………………………………………… 116
 6.3 研究展望 ……………………………………………………………… 120

参考文献 ……………………………………………………………………… 121

1 导　言

1.1 研究背景

城市化是我国 21 世纪发展进程中要解决的一个突出问题[1]。改革开放以来，我国的城市化进程不断加快，从 1978 年到 2012 年的三十五年间，我国地级及以上城市数量由 98 个增加到了 289 个[2]，城镇人口数由 17 245 万人增加到了 71 182 万人，我国的城市化率也由 17.92%上升到了 52.57%（见表 1.1）。特别是 1995 年以来，我国的城市化水平呈现直线上升的趋势（见图 1.1），到 2011 年年末，我国的城市化率首次突破 50%，达到了 51.27%（见表 1.1）。对此，《2012 中国新型城市化报告》称："中国城市化率突破 50%，意味着中国城镇人口首次超过农村人口，中国城市化进入关键发展阶段[3]，这势必将引起社会的深刻变革，在中国发展进程中是一个重大的指标性信号[4]。"

表 1.1　1978—2012 年我国城镇人口变动情况表　　单位：万人

年份	年末总人数	城镇人口数	城市化率（%）
1978	96 259	17 245	17.92
1979	97 542	18 495	18.96
1980	98 705	19 140	19.39
1981	100 072	20 171	20.16
1982	101 654	21 480	21.13
1983	103 008	22 274	21.62

1　这一论点是 2001 年 6 月 27 日至 29 日在厦门国际会展中心召开的"城市化：中国新世纪发展的挑战与对策"国际研讨会上明确提出的，该研讨会由中国留美经济学会、厦门市政协和厦门大学联合主办.
2　数据来源：2013 年中国统计年鉴.
3　2012 中国新型城市化报告　重庆排全国第八. 2012，11.
4　2012 中国新型城市化报告　重庆排全国第八. 2012，11；其原因是：从国际经验来看，这一阶段经济和城镇化可取得较快的发展——出自田明，李睿. 就业结构转变与城镇化的国际经验及对我国的启示. 山东社会科学，2012，12.

续表

年份	年末总人数	城镇人口数	城市化率（%）
1984	104 357	24 017	23.01
1985	105 851	25 094	23.71
1986	107 507	26 366	24.52
1987	109 300	27 674	25.32
1988	111 026	28 661	25.81
1989	112 704	29 540	26.21
1990	114 333	30 195	26.41
1991	115 823	31 203	26.94
1992	117 171	32 175	27.46
1993	118 517	33 173	27.99
1994	119 850	34 169	28.51
1995	121 121	35 174	29.04
1996	122 389	37 304	30.48
1997	123 626	39 449	31.91
1998	124 761	41 608	33.35
1999	125 786	43 748	34.78
2000	126 743	45 906	36.22
2001	127 627	48 064	37.66
2002	128 453	50 212	39.09
2003	129 227	52 376	40.53
2004	129 988	54 283	41.76
2005	130 756	56 212	42.99
2006	131 448	58 288	44.34
2007	132 129	60 633	45.89
2008	132 802	62 403	46.99
2009	133 450	64 512	48.34
2010	134 091	66 978	49.95
2011	134 735	69 079	51.27
2012	135 404	71 182	52.57

注：(1) 数据来源：1979—2012 年中国统计年鉴. (2) 1981 年及以前数据为户籍统计数；1982、1990、2000、2010 年数据，根据当年人口普查数据推算得出；其余年份数据为年度人口抽样调查推算数据. (3) 现役军人计入城镇人口.

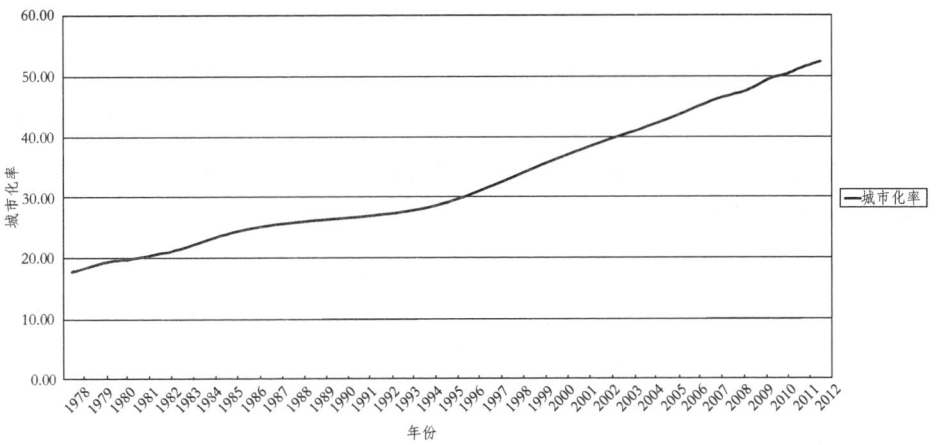

图 1.1　1978—2012 年我国城市化水平变动情况图

城市化问题之所以成为各国社会经济发展过程中所关注的重点，是由于城市化与经济发展之间存在着密切的相关性[1]。一方面，一个国家或地区的城市化程度，归根结底取决于该国家或地区的工业化水平和经济结构优化程度[2]。对此，学者们进行了实证研究和说明。例如，张宏霖（2001）运用时间序列和跨地区数据揭示出 1978 年以来中国城市化的增长是快速经济发展的结果，而不是相反，并且表明城市化水平应该与经济增长水平一致，过度城市化会对国民经济产生不良影响[3]。另一方面，城市的聚集效应和规模效应又反过来促进了该国家或地区的工业化进程和社会经济的快速发展。对这一点，也有许多学者进行了论证和说明。例如，夏永祥等（2001）通过考察世界城市化进程的一般规律和中国城市化进程的历程，发现：大城市集聚经济效应最佳，具有超先增长规律，小城镇是城市化的起点而非终点[4]；同时还发现，只要改革现有的制度约束，乡镇企业自然会向市镇集

1　陈端计. "城市化：中国新世纪发展的挑战与对策"国际研讨会综述[J]. 财经政法资讯，2001，05.
2　杨栋. 加速上海市郊区城市化途径研究. 同济大学博士论文，2008.
3　张宏霖. 中国城市化与经济发展. 中国城市化：实证分析与对策研究[M]. 厦门：厦门大学出版社，2003，7：42-50.
4　陈厚义，胡航，陈常亮. 贵州城市化与新型工业化发展研究[J]. 贵州省软科学研究论文选编（2001—2004），2005，12.

中，后起工业化国家的工业化离不开城市化的协调发展[1]。沈坤荣等（2007）则提出，城市化可以通过两种机制的作用来推动经济增长：一方面，城市化带来的聚集经济加速了物质资本、人力资本和知识资本等要素的积累，从而促进了经济增长[2]；另一方面，城市化使得剩余劳动力从农村转向城市，提高了农业的劳动生产率，并促进了非农产业的发展和产业结构的优化升级，从而促进了经济增长[3]。也就是说，城市化先作用于要素积累和结构变革，然后才间接地对经济增长产生正的影响作用[4]。这一结论，已经由中国数据的实证检验结果得到了证明，即城市化能够通过物质资本、人力资本、知识资本和产业结构这四条途径来影响经济增长[5]；而且，在现阶段，人力资本和结构变革是城市化与人均产出之间的显著影响渠道[6]。

城市化对一个国家或地区的工业化进程和经济增长等方面都有着不可或缺的正影响，然而正如张宏霖（2001）所提出的，过度城市化对国民经济的发展并没有好处，因此，城市发展规模问题便成为国内外学者们又一个争论和探讨的焦点。对这一问题的分歧和争执在国内已经持续了三十多年，争论的问题无非围绕着一点：是选择大城市发展模式，还是选择中小城市发展模式，还是选择混合发展模式。

（1）支持选择大城市发展模式的论点。

支持大城市发展模式论点的理论依据是规模经济，或人口、经济活动的聚集效应，即聚集经济。

聚集经济（Economies of Agglomeration），也称聚集经济效益、聚集规

---

1 陈厚义，胡航，陈常亮.贵州城市化与新型工业化发展研究[J].贵州省软科学研究论文选编（2001—2004），2005，12；夏永祥，余其刚.世界城市化进程的一般规律和中国的实践.中国城市化：实证分析与对策研究[M].厦门：厦门大学出版社，2003，7：3-12.

2 李鑫.人口增长对经济发展的影响因素分析[J].商业时代，2009，03；沈坤荣，蒋锐.中国城市化对经济增长影响机制的实证研究[J].统计研究，2007，06.

3 沈坤荣，蒋锐.中国城市化对经济增长影响机制的实证研究[J].统计研究，2007，06.

4 巩红禹.内蒙古城镇化进程与经济增长关系的实证研究[J].中国乡镇企业会计，2014，07.

5 邹学勇，张春来，吴晓旭，石莎，钱江，王仁德.城镇防沙的理论框架与技术模式[J].中国沙漠.2010，01.

6 沈坤荣，蒋锐.中国城市化对经济增长影响机制的实证研究[J].统计研究，2007，06.

模效益,指的是人口和产业活动的集中所带来的外部经济[1]。聚集经济是一种古老的经济现象,早在18世纪中叶世界经济就开始出现引人注目的经济地理集中现象[2],并且随着科学技术的发展,在很多国家相继涌现出了一大批聚集的"新产业区"[3],而且以这些产业群为代表的聚集经济,推动了区域经济的发展和科技创新,成为提高该国家或地区经济竞争力的重要力量。

聚集经济效益从本质上来说是一种外部经济,是由外部规模经济和外部范围经济共同作用而形成的一种复合经济[4],这也是导致城市形成和不断扩大的基本因素。城市是企业和产业经济活动的集中地区,这种集中主要有两种类型:一是属于同一产业,或性质相近的许多企业的集中[5]。同类或性质相近企业在地理上的集中,可以使企业分享社会资源、加强分工协作、降低总成本、扩大生产规模、增加总产量,进而促进了辅助产业的发展,即企业的地理集聚,其结果不仅创造了大规模的外部经济,而且还降低了企业的生产费用和成本,提高了企业的劳动生产率[6]。二是属于不同产业,或不同性质的企业的集中[5]。相对于各个企业在地理上的分散分布,企业聚集带来了人口的集中,这一方面有利于形成更大规模的市场,从而降低了企业的运输费用和生产成本;另一方面,人口集聚还促进了基础设施、公用事业的建立、发展和充分利用;同时,企业和人口的集中还伴随着熟练劳动力、技术人才和经营管理干部的集中[7]。

根据罗默(David Romer)的创新增量方程,社会创新增量只与创新的人口有关,且创新人数越多,重复创新的可能性就越大。由此可以看出,人力资本是创新技术进步的一个关键投入要素,更多的科研人员会产生更

---

1 景文. 中国城市聚集经济与城市规模关系的实证研究. 区域经济学,2009;中华文本库. Theories and Methods of Regional Analysis Lecture 2. http://www.chinadmd.com/file/ri6ucscpeatoc3w3ap36uiei_6.html.
2 陈继勇,肖光恩. 国外关于聚集经济研究的新进展[J]. 江汉论坛,2005,04.
3 刘剑锋,蒋瑞波. 浙江省产业集聚效应的测算与实证研究[J]. 工业技术经济,2010,02.
4 陈志洪. 九十年代上海产业结构变动实证研究. 复旦大学博士论文,2003;朱华友. 经济集聚机理的尺度分异整合及其应用价值研究[J]. 浙江师范大学学报:社会科学版,2006,01.
5 聚集经济. 互动百科 http://www.hudong.com;秦玉琴. 新世纪领导干部百科全书(第4卷)[M]. 北京:中国言实出版社,1999,12.
6 聚集经济. 互动百科 http://www.hudong.com.
7 秦玉琴. 新世纪领导干部百科全书(第4卷)[M]. 北京:中国言实出版社,1999,12.

多的创新[1],且由于创新具有非竞争性,经济体中的每个人都会从中受益,这就是经济持续增长的动力源泉。总之,人口越密集、教育水平越高、人力资源投入越多的经济体,提供的潜在创新者就越多,创新的可能性就越大,即创新的供给效应[1];人口越集中,创新的潜在市场就越大,科研人员创新的积极性就越高,即所谓的创新需求效应[2]。

从这个意义上讲,聚集经济效益之所以产生,"一是由于厂商追求创新外溢所带来的规模报酬递增,二是由于厂商为了获得经济增长的持续动力,即技术创新,而技术创新与科研人员的地理集中以及科研人员占总人口比率的增长密切相关"[3]。

大城市是人口和经济活动较集中、规模较大的区域中心,大城市模式的最大好处就在于聚集经济效应。城市特别是大城市在我国经济发展过程中有着举足轻重的地位[4]。除了聚集经济带来的好处外,集中式的城市化发展模式将最有可能减轻城市系统的压力,提高城市总体效率[5]。但中国大城市发展的现状是什么呢?

张应武(2009)利用2002—2006年中国地级及以上城市的统计数据,考察了经济增长与城市规模之间的关系,计量结果指出,我国目前的大城市数量还不够、规模也不大,因此,提出促进经济增长应优先发展大城市,扩大城市规模。

王小鲁(2010)通过对我国城市化的一些重要经验教训的回顾,得出结论:一个以特大或超大城市为中心、由几个100万人口级别的大城市组成的城市群,是一个更有利于周边中小城市和小城镇发展的空间结构[6],而我国目前一百万人口以上的大城市仍然太少了。

此外,和世界相比,中国大城市的比重偏小,我国大城市的发展还不够(李善同,2008),其原因在于,尽管中国国土面积大,但其中平原面积

---

1 陈继勇,肖光恩. 国外关于聚集经济研究的新进展[J]. 江汉论坛,2005,04.
2 聚集经济. 互动百科 http://www.hudong.com;陈继勇,肖光恩. 国外关于聚集经济研究的新进展[J]. 江汉论坛,2005,04.
3 檀学文. 大城市过度规模与卫星城政策[J]. 中国农村观察,2006,06.
4 张应武. 基于经济增长视角的中国最优城市规模实证研究[J]. 上海经济研究,2009,05.
5 孙荣飞. "城市化"道路明晰 未来偏爱建大城. 第一财经日报,2008,03,26;麦肯锡全球研究院. 迎接中国十亿城市大军[R]. 2008,03,24. http://www.docin.com.
6 王小鲁. 中国城市化路径与城市规模的经济学分析[J]. 经济研究,2010,10.

却只占十分之一,再加上庞大的人口[1],和"小城镇病"——小城镇建设对资源的破坏、环境的污染、土地的浪费十分严重——的存在。因此,针对中国的这些国情,提高经济的聚集效应,采取都市圈式或大城市的集中发展模式比采用分散式的增长模式应该更有效。

对此,麦肯锡(2008)通过对14个城市的调查,在《迎接中国十亿城市大军》上指出:"如果中国推动更加集中化的城市化发展战略,那么集中式发展模式将比分散式发展模式多实现20%的人均GDP增长,公共支出占GDP的比例也将降低(集中式发展模式为16%,分散式发展模式为17%)[2],因为集中式增长能源使用效率将比其他选择高出近20%;在耕地保护方面,若采取更为集中的城市化模式,可将耕地流失量降低到当前总量的7%~8%水平,而更为分散的城市化模式则会使耕地流失率超过20%;在交通投入方面,在超大城市情境下中国只需把现有的地铁系统扩大8倍,但在分散式增长情境下轻轨系统将需要增长近300倍;而污染控制措施在大城市也比在小城市执行范围更广,效率更高"[2]。

综上所述,在土地资源短缺的背景下,中国城市化应积极发展大城市,提升城市品位,提高经济的集聚效应[3]。也就是说,大城市,甚至大城市圈将是中国城市化模式的选择(周牧之,2001)。那么如何形成牵引中国经济持续增长的大城市和大城市圈,将是中国赢得全球经济一体化下激烈的国际竞争,获得持续的社会经济发展的关键所在[4]。

(2)支持发展中小城市发展模式的论点。

国外学术界支持中小城市发展战略的学者主要有 Southal(1979)、Rondinelli(1980)、Renaud(1981)、Hardoy 和 Satterthwaite(1986)、Gugler(1988)、Blizer(1988)等。他们认为,中小城市对迎合快速城市化,经济、

---

1 孙荣飞."城市化"道路明晰 未来偏爱建大城.第一财经日报,2008,03,26.
2 孙荣飞."城市化"道路明晰 未来偏爱建大城.第一财经日报,2008,03,26;麦肯锡全球研究院.迎接中国十亿城市大军[R].2008,03,24.http://www.docin.com.
3 吴宇哲,鲍海君.土地资源短缺背景下中国城市化发展模式的战略选择.中国城市化:实证分析与对策研究[M].厦门:厦门大学出版社,2003,7:119-125.
4 何一民,范瑛,付春.中国城市发展模式研究[J].社会科学研究,2005,01;周牧之.中国需要大城市圈发展战略.中国城市化:实证分析与对策研究[M].厦门:厦门大学出版社,2003,7:135-140.

社会和政治的转变,以及提供最优的人类居住区都是很适宜的[1]。

国内学术界主张实行中小城市发展战略的学者主要有费孝通(1983)、郑亚平和聂锐(2010)、范剑勇(2010)等。其理由是:

第一,我国的大多数城市基础设施严重不足,社会保障和公用事业的供给等方面还存在着许多缺陷[2],城市管理能力也不能适应实际需要,因而无法吸纳大量新增居民[3]。因此,农民进入小城镇,可以避免为城市带来较大的冲击、增加社会摩擦和矛盾,而由于地缘关系紧密,农民进入小城镇比进入大中城市付出的心理成本要低一些,农民在小城镇中也较容易发展小工业或进入乡镇企业解决就业问题[4]。

第二,发展小城镇是解决农村剩余劳动力就业问题的主要途径和根本出路[5]。小城镇的建设和发展,可以较好、较快地把城乡两个市场连接起来,进而迅速地促进农村第二、三产业的发展[6]。由此,作为联系城乡的纽带,小城镇的发展有利于大量吸纳农村剩余劳动力,调整、优化产业结构,改变农村社会面貌,提高农业的劳动生产率,进而提高农业规模效益、农村居民收入和农村的现代化水平。此外,由于小城镇往往是当地的交通枢纽和信息中心,因此,可以依托附近大中城市的辐射作用,提高当地经济、科技、文化的综合水平。

第三,发展小城镇可以避免形成"城市病"。发展中国家大城市的盲目扩张,带来的直接后果就是城市贫民窟蔓延、城市环境恶化、社会犯罪率上升等严重的社会问题[7],因而,作为发展中国家的中国应吸取教训,在现

---

1 徐琴. 发达地区县级城市在城市化进程中的地位和作用[J]. 学海. 2001,12;王业强. 倒"U"型城市规模效率曲线及其政策含义——基于中国地级以上城市经济、社会和环境效率的比较研究. 财贸经济,2012.11.

2 方青. 多元 平等 综合 渐进——我国城市化发展战略[J]. 安徽师范大学学报(人文社会科学版). 2003,03;张蕊. 中国城市化道路模式探讨[J]. 西昌师范高等专科学校学报,2003,09.

3 陈其林,林新,尚琳琳. 我国城市化道路选择的实证分析. 中国城市化:实证分析与对策研究[M]. 厦门:厦门大学出版社,2003,7:126-134

4 郑金芳,邓西录,王凤京. 繁荣经济 发展小城镇[J]. 小城镇建设,2002,11.

5 孔繁梅. 浅谈农村剩余劳动力转移的对策[J]. 民营科技. 2009,01.

6 王行伟. 城市化问题观点综述[J]. 党政干部学刊. 2002,07;张蕊. 中国城市化道路模式探讨[J]. 西昌师范高等专科学校学报. 2003,09.

7 漆畅青,何帆. 亚洲国家城市化的发展及其面临的挑战[J]. 世界经济与政治. 2004,11.

阶段，大中城市还不能成为我国城市化进程的主要依托，小城镇发展道路才是更为现实的选择[1]。

不可否认，由于改革开放最初20年间，各个省份的城市化进程都在很大程度上依赖于乡镇企业的发展和小城镇建设，小城镇战略曾对我国城市化建设起到过不可忽视的作用。对于这一论点，陈其林等（2001）利用1985—1998年中国乡镇企业收入、规模、利润和城市化比重等指标，用回归分析和皮尔森相关分析，对此进行了证实[2]。王业强（2012）通过实证中国城市规模效率与城市规模之间的倒"U"型关系，也提出了促进中小城市发展，并限制发展超大城市的主张。

（3）主张混合发展模式的论点。

对于中国的城市化是选择大城市模式还是中小城市模式的问题上，还有一部分学者认为，由于地域差异性大，采取单一战略模式去解决城市化问题是不可能的（宏观经济研究院课题组，2000；温铁军，2000；钱振明，2008），因而，他们主张从实际出发，因地制宜地实现多元化的混合发展模式。具体建议（国家计委宏观经济研究院课题组，2001）是："在经济发展水平较高的东部地区，城市发展要与产业结构升级结合起来，从调整城镇体系的空间结构入手，以提高城市化质量为目标，发展大都市带[1]；中部地区则实施积极引导、鼓励大中城市的规模适度扩大和大力发展小城镇战略，扩大吸纳农村人口，完善城市基础设施，大力提升我国的城市化水平；而西部地区的中期目标则定位于实施"大城市、小城镇"战略，即通过调整人口和经济活动的空间分布，依托现有的大中城市，在少数条件相对较好的地方形成较大的人口集聚核心[3]"。

---

[1] 王行伟. 城市化问题观点综述[J]. 党政干部学刊. 2002, 07；张蕊. 中国城市化道路模式探讨[J]. 西昌师范高等专科学校学报. 2003, 09；方青. 多元 平等 综合 渐进——我国城市化发展战略[J]. 安徽师范大学学报（人文社会科学版）. 2003, 03.

[2] 陈其林，林新，尚琳琳. 我国城市化道路选择的实证分析. 中国城市化：实证分析与对策研究[M]. 厦门：厦门大学出版社，2003, 7: 126-134.

[3] 王行伟. 城市化问题观点综述[J]. 党政干部学刊. 2002, 07；张蕊. 中国城市化道路模式探讨[J]. 西昌师范高等专科学校学报. 2003, 09；方青. 多元 平等 综合 渐进——我国城市化发展战略[J]. 安徽师范大学学报（人文社会科学版）. 2003, 03；李红. 河北省城市发展研究[J]. 商业研究. 2004, 05；国家计委宏观经济研究院课题组. 中国城镇居民收入差距的影响及适度性分析[J]. 管理世界. 2001, 05.

在政策层面上，我国的城市化从改革开放伊始，基本上遵循的也是这样一条多元化的发展路线。早在1980年，中国国家基本建设委员会就提出了"控制大城市规模，合理发展中等城市，积极发展小城市"的城市发展方针[1]；而后在1989年12月颁布的《中华人民共和国城市规划法》又将城市化方针修改为"严格控制大城市规模，积极发展中等城市和小城市"[2]。历经多年争论之后，2008年1月实施的《城乡规划法》中则提出了大中小城市及小城镇协调发展的方针，指出"要依托大城市发展若干城市群和城市带，最大限度地发挥其对区域经济的带动作用[3]"。

对于多元化的城市发展模式，国内学者也从实证的角度给予了实践和理论上的支持。陈其林等（2001）搜集了我国1985—1998年，与乡镇企业发展相关的几个指标数据，运用截面数据回归的方法，对乡镇企业发展与我国城市化进程的相关性进行了实证分析，得出结论：应该适度发展大城市，使之成为经济起飞的龙头，同时要大力发展中小城市，使之成为吸纳农村人口的主要基地[4]。

高鸿鹰和武康平（2007）从城市集聚效应的角度，应用最小二乘法（OLS）估算了我国50万～100万人口规模城市和100万人口规模以上城市的平均集聚效应指数和平均集聚效率指数，根据实证结果，提出"城市化进程中，应快速增加100万人口规模以上城市分布比重，合理引导资本密集型产业向50万～100万人口规模城市转移，以有利于投资效率的提高"；同时还提出"要适度地保护规模较小城市的发展"。

---

1 周普杰. 我国城市化的对策分析[J]. 经济问题. 2003，05；孙荣飞. "城市化"道路明晰 未来偏爱建大城. 第一财经日报，2008，03，26；张应武. 基于经济增长视角的中国最有城市规模实证研究[J]. 上海经济研究. 2009，05.
2 杨栋. 加速上海市郊区城市化途径研究. 同济大学博士论文. 2008；孙荣飞. "城市化"道路明晰 未来偏爱建大城. 第一财经日报，2008，03，26；张应武. 基于经济增长视角的中国最有城市规模实证研究[J]. 上海经济研究. 2009，05；朱道才，周加来. 基于集聚经济的我国城市化战略取向[J]. 经济问题探索. 2006，10.
3 孙荣飞. "城市化"道路明晰 未来偏爱建大城. 第一财经日报，2008，03，26.
4 陈其林，林新，尚琳琳. 我国城市化道路选择的实证分析. 中国城市化：实证分析与对策研究[M]. 厦门大学出版社，2003，7：126-134.

1.2 研究目的和意义

1.2.1 理论意义

我国的经济发展已经进入新常态[1]（习近平，2014），城市化进程也在不断加快，而对于城市规模[2]问题的争论也仍然在继续。综上所述，关于城市规模问题的争论，实质上争论的是城市规模控制在多大的范围内对一国或地区社会经济的发展最有利，即最优或最佳城市规模的确定问题。

学术界虽然对于最优城市规模的界定众说不一，但归根结底围绕的基本点却是一个最基础的问题，即确定最优城市化和合理城市规模的标准是什么？综合上述分析，城市总体效率（麦肯锡，2008；陈其林，2012）、经济的聚集效应（吴宇哲，2001；高鸿鹰和武康平，2007）、经济增长（周牧之，2001；沈坤荣，2007；张应武，2009）、农业规模效益和农民收入的增长（费孝通 1983；郑亚平和聂锐，2010）等，都可以作为衡量和判断最优城市化和城市规模的标准。但如果我们进一步思考，提高城市的总体效率、促进经济增长、实现农业规模效益和城市的聚集效应的根本目的又是什么呢？答案是通过解放和发展生产力，满足广大人民群众不断增长的物质和文化需求，实现国富民强，即重视和改善民生是发展经济的一个根本目的。更为简单和直接一点的说法，就是通过发展生产力来提高广大居民的生活水平，而居民生活水平提高的一个直接体现就是收入的增长和提高。

因此，本研究就从居民收入增长的角度，来分析和考察城市规模对城镇居民收入增长的影响，并进一步考察是否存在一个城市规模或规模区间，能使城镇居民收入增长最大化或最有效率？本研究运用最小二乘法（OLS）、工具变量估计和分位数回归的计量方法，以中国家庭住户收入调查数据（CHIP）2009作为研究样本，来实证研究和分析城市规模对城镇居

---

[1] 经济新常态的三个特点：一是从高速增长转为中高速增长；二是经济结构不断优化升级，第三产业消费需求逐步成为主体，城乡区域差距逐步缩小，居民收入占比上升，发展成果惠及更广大民众；三是从要素驱动、投资驱动转向创新驱动.

[2] 对于城市规模，一般可以用人口数量、用地面积和社会经济实力三个指标或从这三个层面来衡量，由于城市用地规模一般会随人口规模的变化而变化，经济规模也受用地规模和人口规模的影响，因此，本研究是从人口数量层面来考察城市规模的，研究中所界定的城市规模特指城市人口规模.

民收入的影响以及影响机制，并从提高城镇居民收入增长最大化的角度来考察城市化，确定使城镇居民收入增长最大化的城市规模是否存在，试图为城市规模的确定提供一个新的视角和切入点，同时也为城镇居民收入增长的影响因素研究提供一个新思路。

1.2.2 实践意义

一方面，合理城市规模的确定和选择是工业化和国民经济发展的必然要求，也是优化经济结构和经济增长方式向集约化转变的必然途径。城市化是经济发展的空间集聚与分化过程[1]，是由于工业化而引起的人口集中过程。从城市化的生成机制和发展过程来看，城市化程度和城市发展规模由该国家或地区的经济结构优化程度和工业化水平决定——工业化发展的直接结果是带来产业结构的优化升级，第二、三产业的比重大大超过第一产业的比重，人口从第一产业向第二、三产业转移和积聚。随着劳动力人口的积聚和消费市场的发展，城市化过程应运而生[1]。而伴随着城市化进程的发展，城市规模不断扩大，城市产业结构和服务设施不断完善，又对经济的集约化发展和产业结构的调整、升级发挥着促进作用[2]。因此，合理城市规模的确定和选择是工业化和国民经济发展的要求，也是经济增长方式向集约化转变和产业结构优化升级的必然选择。

另一方面，推动城镇居民收入的增长是保障社会公众共同分享经济增长成果的重要条件，也是维护社会稳定和构建和谐社会的客观要求。过去三十年，我国的经济增长成绩斐然，但是经济增长的成果在政府和社会公众间的分配却是不均衡的，居民收入的增速远远落后于财政收入的增速，并逐渐形成了一种"国富民穷"的分配格局（何帆，2006；陈志武，2010）。"国富民穷"的格局不仅制约着人民生活水平的提高和社会民生的改善，而且也是我国经济结构失衡（诸如消费与投资比例失衡、产能与需求比例失衡、内需与外需比例失衡、国际收支比例失衡，等等）的一个重要根源。而改善我国当前"国富民穷"的收入分配格局，客观上要求提高城镇居民收入的增长速度。因此，推动城镇居民收入的增长，不仅是保障社会公众

---

1 陈甫军. 专题研讨：中国新型城市化道路研究[J]. 东南学术. 2004, 04.
2 戴波. 中国城市化发展战略研究. 广西大学硕士论文. 2005；杨栋. 加速上海市郊区城市化途径研究. 同济大学博士论文. 2008.

共同分享经济增长成果的重要条件,同样还是维护社会稳定和构建和谐社会的客观要求。

1.3 研究方法

本研究采用的研究方法:

(1)文献分析法。本研究将在综合分析国内外最新研究文献的基础上,探讨城市规模对城镇居民收入增长的影响及影响机制。

(2)计量分析法。本研究采用前沿的计量分析方法:最小二乘法(OLS)、工具变量估计和分位数回归法,综合运用微观数据(中国家庭住户收入调查数据 CHIP2009)和宏观数据(地级及以上城市层面的),考察城市规模对城镇居民收入的影响及影响机制。

(3)定性分析和定量分析相结合的研究方法。事物是质与量的统一状态,因此,先对某一事物的内在规定性进行分析,然后再用定量分析来揭示事物的内部特征和规律,更能够比较全面地把握事物。因此,本研究大部分章节采用的都是定性分析与定量分析相结合的分析方法。

1.4 研究结构

1.4.1 研究框架

城市化是我国 21 新世纪发展进程中要解决的一个突出问题,城市化对一个国家或地区工业化进程和经济增长等方面都有着不可或缺的正影响。我国的经济发展已经进入新常态,城市化进程也在不断加快,因此,探讨城市规模对城镇居民收入增长和生活水平提高的影响,寻求城市化建设进一步发展的政策措施,对我国居民收入和生活水平的提高,以及国民经济的健康、和谐发展都具有重要意义。

本研究以中国家庭住户收入调查数据(CHIP)2009 作为研究样本,运用最小二乘法(OLS)、工具变量估计和分位数回归的计量方法,来实证研究和分析城市规模对城镇居民收入增长的影响以及影响机制,并据此提出对城镇居民收入增长和提高有效率的、对城市化建设进一步发展有益的对策建议。图 1.2 的逻辑框图给出了本研究的研究思路和整体框架。

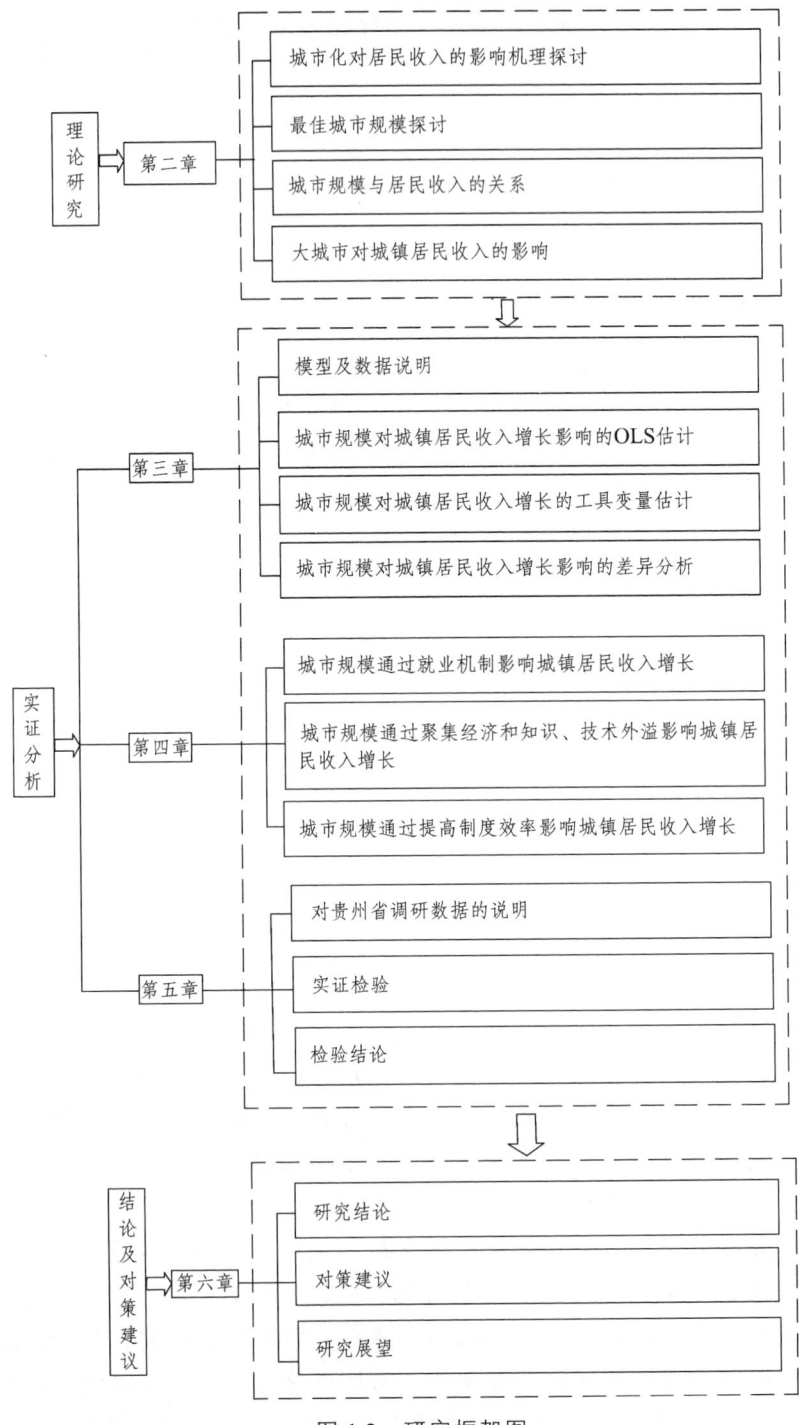

图 1.2 研究框架图

1.4.2 内容安排

本研究包括六个部分：

第一部分，导言。主要介绍本研究的研究背景，研究的目的和意义，研究方法，研究的重点、难点及可能的创新之处与存在的不足等。

第二部分，文献综述。一是，对城市规模对经济增长、收入增长的影响机制、原理进行综述；二是，对最佳城市规模的确定以及确定标准进行一个简单的综述，已有的研究中，衡量最佳城市规模常用的标准或指标有："聚集效应达到最佳状态或净聚集效应最大""对经济增长的拉动作用最大""城市效率最佳"和"成本最小"；三是，对城市规模对城镇居民收入增长，以及对居民收入差距拉大的影响，进行简单综述；四是，大城市对城镇居民收入增长的影响及影响机理分析。在理论和文献综述的基础上，提出本研究的着眼点，即从"促进城镇居民收入增长最大化"的角度来考察城市规模，分析城市规模对城镇居民收入增长的影响及影响机制。

第三部分，城市规模对城镇居民收入影响的实证分析。本部分主要包含四个方面的内容：一是，对研究使用的数据进行简单的介绍，并构建出包含城市规模变量的收入决定方程；二是，运用 OLS、工具变量估计，对包含个人特征变量的 CHIP2009 微观经济数据和包含城市变量的宏观经济数据进行回归处理；三是，对回归结果进行解释，重点分析核心变量城市规模对被解释变量城镇居民收入的影响，同时考察是否存在使得城镇居民收入增长最大化的城市规模或区间；四是，城市规模对城镇居民收入影响的差异性分析，主要包括两个方面的内容，一方面运用 OLS 估计和工具变量估计方法，考察城市规模对不同技能组、不同行业和不同产业居民收入增长的影响；另一方面运用分位数回归方法，考察城市规模对城镇居民内部收入差距扩大的影响。

第四部分，城市规模对城镇居民收入增长的影响机制分析。关于城市规模对城镇居民收入增长的影响机制，本部分主要介绍了三个方面：就业机制、聚集经济和知识技术外溢、制度效率。对于就业机制，思路是建立一个 Probit 的就业概率模型，运用 OLS 和工具变量估计方法，从实证的角度来考察和检验城市规模通过影响城镇居民的就业概率，从而影响城镇居民的收入。对于聚集经济和知识外溢部分，思路是：（1）通过将行业分为人力资本密集型和非人力资本密集型，运用工具变量估计方法考察、对比城市规模对人力资本密集型行业和非人力资本密集型行业居民收入的影响，来间接检验城市规模通过人力资本的外溢效应影响城镇居民收入的增长；（2）将行业分为技术密集型和非技术密集型，通过实证、对比城市规模对这两类行业城镇居民收入增长的影响，间接说明城市规模通过技术外溢，作用于城镇居民的收入增长；（3）城市规模的聚集效应引发城市发展成本的降低，从而提高城镇居民的收入水平。对于制度效率部分，思路是：通过城市规模引起制度供给和制度变迁，来提高制度的效率或投入产出比，从而提高城镇居民的收入水平。

第五部分，来自贵州省调研数据的检验。由于之前实证研究中所使用的样本数据CHIP2009，没有将一些经济发展落后和城市化水平比较低的省份和城市纳入进来，因此，我们对经济发展和城市化建设都比较落后的贵州省进行了调研，以弥补CHIP2009数据的不足。本部分我们利用贵州省的调研数据，来分析和考察城市规模对城镇居民收入增长的影响及影响机制，这是对前面部分实证研究的补充，也是对前面部分实证结论进行的一个检验或验证。

第六部分，研究结论和政策设计。本章是全书的落脚点和归宿，通过前面部分的实证研究和分析，得出关于城市规模对城镇居民收入增长的影响及影响机制的相应研究结论。在此基础上，根据实证结论提出相应的政策建议，以期能为我国的城市化建设和社会经济健康、和谐发展提供参考。

1.5 主要创新点与不足

1.5.1 主要创新点

与以往的研究相比，本研究可能存在的创新之处在于：一是，基于个人层面调查数据的研究，能够有效地控制个人特征、职业类别等微观特征，详细反映城市规模对城镇居民收入增长的影响；而这些数据来自经济发展和城市化建设比较落后、得到的研究关注度相对欠缺的贵州省，为学界提供了较独特的数据资料和较新的分析视角。二是，在控制个人特征变量和城市特征变量的基础上，考察城市规模对城镇居民收入增长的影响，并从城市规模的角度去寻找城镇居民内部收入差距扩大的原因或解决途径。三是，分行业探讨城市规模对不同行业城镇居民收入增长的影响。四是，用经验数据实证分析城市规模对城镇居民收入增长的影响机制。

1.5.2 存在的不足

鉴于微观数据和思维层面的局限，本研究存在一些不足之处：

（1）本研究最大的不足之处在于没有建立自己的理论框架和思想体系，思想层面上的高度不够。

（2）由于思维层面的局限，本研究只从就业、知识技术外溢、聚集经济和成本，以及制度效率几个方面对城市规模对居民收入增长的影响机制进行了研究和探讨，因此，对于城市规模对居民收入增长的影响机制方面的研究可能还存在不够全面的地方。

（3）对于城市规模如何通过降低成本和提高制度效率，从而提高城镇居民的收入水平，本研究也没有从实证的角度予以说明和验证。

2 城市规模及其对居民收入影响的文献综述

从世界范围看,高收入国家伴随着高城市化水平,低收入国家与低城市化水平相伴[1]。因此,在经济起飞阶段,人口城市化对经济增长起着强有力的拉动作用[2],即在一个国家从低收入起步,逐渐发展到较高收入水平的过程中,城市化通常是推动收入增长的主要力量(Henderson,2007)[3]。同时,"城市是发明创造的实验室,它在吸引投资、创造就业,甚至提高居民生活水平和质量方面具有令人难以置信的智慧和创造力"(Melanie Walker,2012)。

城市化的具体路径主要包括两方面的内容(Henderson and Wang,2007):"其一,一个经济体的全部居民在城乡间是如何分布的,关注的是城市化本身;其二,城市居民在不同城市间是如何分布的,关注的是整个城市体系的规模分布,主要涉及首位城市的相对规模、整个城市体系人口规模的集中程度以及位序-规模分布这几个方面的特征"(Wheaton and Shishido,1981;Henderson,2005)[3]。

要理解城市化和城市规模对城镇居民收入增长的影响,首先要思考的问题是,城市化是如何作用于城镇居民收入增长的?

2.1 城市化对居民收入的影响机理探讨

2.1.1 聚集经济的作用

"城市化是在空间体系下的一种经济转换过程,人口和经济之所以能向

---

[1] 黄宇慧. 我国城市化水平与经济发展关系的计量分析[J]. 财经问题研究. 2006,03.

[2] 王金营. 经济发展中人口城市化与经济增长相关分析比较研究[J]. 中国人口、资源与环境. 2003,05.

[3] 谢小平,王贤彬. 城市规模分布演进与经济增长[J]. 南方经济. 2012,06.

城市集中是集聚经济和规模经济作用的结果"(彭国川,2001;徐雪梅和王燕,2004)。在人口和经济向城市聚集的过程中,规模效应和知识外溢就成为必然,城市成为知识积累、传播和创造的中心。知识积累和知识外溢是内生经济增长的基础(谢小平,王贤彬,2012),因此,城市化必然会带来和促进经济的增长,成为经济增长和发展的重要推手(范剑勇,2013)或关键推动因素(Melanie Walker,2012)。伴随着经济增长,城镇居民收入也增加,或者说城镇居民收入的增长是经济增长的一个直接表现和结果。

2.1.2 人力资本的外溢效应

作为企业和劳动力的聚居地,城市使劳动力在空间上相互靠近,因此,劳动力能更好地通过模仿和学习来积累人力资本,从而提高了生产率(Lucas,1988)[1],带了来经济的增长。城市化的推进是其运行中各要素之间相互作用、相互影响的过程,城市化通过刺激投资规模扩张、产业结构优化和人力资本提升作用于经济增长[2],构成了城市化驱动经济增长的机制(张景华,2007),从而也带来了城镇居民收入的不断增加。

2.1.3 技术创新

城市的存在也促进了单个劳动力的知识积累和劳动力之间的知识传递,这有利于技术创新(Jacobs,1969)[1]。在知识的产生、积累和流动的过程中,这些经济行为源于经济主体间有意或无意的交流和互动,某个劳动力通常能够获得知识外溢的好处而不必支付其成本,因此,产生了外部性[1]。从增长的角度看,上一时期城市的外部性影响了当地的知识积累和技术创新,必然会影响到当期的技术进步,从而决定了经济的增长(Glaeser et al.,1992;Henderson,2005)[1],同时也带来了单个劳动力收入的不断增加。

2.1.4 城市体系的外部性

对于一个国家或者地区来说,不同人口规模的城市构成了一个城市体

---

1 谢小平,王贤彬.城市规模分布演进与经济增长[J].南方经济.2012,06.
2 马远.基于面板模型的城镇化经济绩效区域分异研究——以新疆为例[J].软科学.2012,05.

系，在不同的城市体系中，城市的规模分布是有差异的，城市规模分布将影响整个城市体系外部性作用的发挥[1]，从而影响地区经济增长，并将最终影响城镇居民收入的增加。"一方面，当城市的规模分布过于集中时，这意味着其中的一些城市是规模过大的，而另外一些则规模过小。在那些规模过大的城市中，过度的集聚带来了高昂的成本（Henderson，2002）"[1]，降低了知识的生产、积累和传播部门资源的配置效率，使得部分资源从中转移出来，造成当期的知识积累减少，这不利于该城市社会经济的增长和居民收入的增加；在那些规模过小的城市中，由于人口和经济活动的聚集程度不够，使得人力资本和技术的外溢作用难以充分发挥，这也不利于地区经济和居民收入的增长。"另一方面，当城市的规模分布过于均匀时，人口平均地分散到各个城市，这时，各个城市都普遍地存在集聚不足现象，这也会损失效率"[1]。因此，从理论上讲，应该存在一个最优的城市规模分布，能够使得该地区城镇居民收入达到一个最优的状态。

然而，"现实中的城市规模分布往往会偏离最优状态"（谢小平和王贤彬，2012）。究其原因，主要是由于政府寻租行为、不作为或政策倾斜造成的：其一，在城市体系中，由于政府寻租行为的存在，社会资源、资本市场以及完善的公共用品都被人为地集中在少数城市中。因此，为了获得资源或便利，企业和居民不得不向少数城市聚拢，形成过度集中的城市规模分布[2]。其二，由于规模经济的存在，使得一些政策制定者认为大城市总是有效的，因此，政策引导或倾向于将生产活动集中在大城市（Henderson，2001），使得人口和经济活动都向少数大城市集聚，造成城市规模过大，城市规模分布过度集中。其三，城市的净聚集效应与城市规模之间呈现倒"U"型的变化趋势（Au 和 Henderson，2006），即城市的净聚集效应随着城市规模的不断扩大，先增加，再减小，因此，当城市规模超出了最优状态范围后，政府的不作为会使得居民更倾向于留在原有的城市中，而不是去组建新的城市（Duranton，2009），这也会形成城市规模过大和规模分布的过度集中。

---

[1] 谢小平，王贤彬. 城市规模分布演进与经济增长[J]. 南方经济. 2012, 06；芦洁. 新疆城市首位度与区域经济协调关系研究. 新疆师范大学硕士论文. 2014.
[2] 谢小平，王贤彬. 城市规模分布演进与经济增长[J]. 南方经济. 2012, 06.

2.2 最佳城市规模探讨

对于理论上存在的最优城市规模和城市规模分布问题，可以从两个层面进行探讨：一是以什么指标作为判断最优城市规模的标准是合理的？二是在合理的判断标准下，最优的城市规模应该落在什么样的区间内。国内外学者针对这一问题，说法不一。已有的研究中，衡量最佳城市规模常用的标准或指标有："聚集效应达到最佳状态或净聚集效应最大""对经济增长的促进作用最大""城市效率最佳"和"成本最小"。

2.2.1 净聚集效应最大

在衡量最佳城市规模的指标和标准中，最为普遍和广泛使用的是"聚集效应达到最佳状态或净聚集效应最大"的衡量标准。

聚集经济从本质上来说是一种外部经济，是由外部规模经济和外部范围经济共同作用而形成的一种复合经济[1]，这也是导致城市形成和不断扩大的基本因素。聚集经济之所以产生，一是由于厂商追求创新外溢所带来的规模报酬递增，二是由于厂商为了获得经济增长的持续动力，即技术创新，而技术创新与科研人员的地理集中以及科研人员占总人口比率的增长密切相关[2]。

适度的聚集经济可以带来正的外部经济效益，但当集聚经济超过一定的规模时，城市要素的投入成本将上升，社会发展成本也会随之不断增加，聚集不经济或城市拥挤效应[3]的增强将逐步削弱聚集经济的正面作用，直至完全抵消，甚至超过。因此，聚集经济水平在理论和实践上都和城市人口规模具有很强的正相关关系[4]，城市的净聚集效应[5]与城市规模之间的关系呈倒"U"型变化（Au&Henderson，2006），而聚集经济和城市人口规模的平

---

1 景芝英，徐雪梅. 试论聚集经济的本质[J]. 财经问题研究. 1998，11；陈志洪. 九十年代上海产业结构变动实证研究[J]. 复旦大学博士论文. 2003.
2 陈继勇，肖光恩. 国外关于聚集经济研究的新进展[J]. 江汉论坛. 2005.
3 拥挤效应（Crowding effect）本意是指种群增长过程中随着密度增加而使种群增长速度降低的现象，它包括两层含义：一是环境阻力（Environmental resistance），二是密度制约（Density dependence）。将拥挤效应借用到城市发展当中，即由于人口和产业经济活动的聚集为城市带来的负外部经济或负效应。
4 何诚颖，章涛. 城市化的制度变迁与资本市场创新[J]. 南开经济研究. 2001，06.
5 城市的净聚集效应指的是城市规模效应和城市拥挤效应相抵消之后的值。

方值之间具有反比关系（Baumol W.J. 1967）。聚集效应是城市规模的函数，两者的关系如图 2.1 所示，其中横轴表示城市规模，纵轴表示聚集效果，曲线为 $y = f(x)$（何诚颖和章涛，2001）。

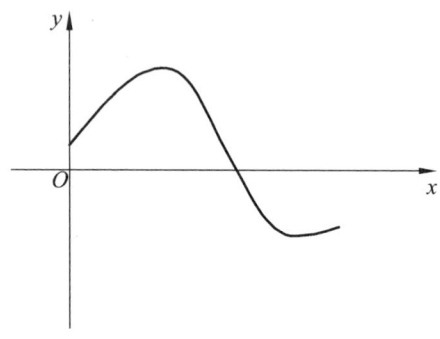

图 2.1 适度的聚集经济水平

以适度聚集经济水平为指标来衡量最佳城市规模的研究，主要集中在实证领域，Alonso W.（1971）在聚集经济和人口规模相关关系的基础上，建立起城市聚集经济和城市人口规模间的二次函数模型，并为 Carlino G.A.（1982）、Choi Yong-Ho（1998）等学者研究和度量最佳城市规模提供了有效的实证研究工具，但实证结果却大相径庭。

国外城市的实证研究：Howard E.（1902）和 Gibson J.E.（1977）的研究将最佳城市人口规模锁定在了 3 万人的规模水平上，而 Le Corbusicr（1947）的研究则把这一数据扩大了 100 倍，认为最佳城市人口规模约为 300 万人。Krihs（1980）的研究结果发现：最佳城市规模落在 550 万人至 650 万人的区间上。Choi（1998）则以一个具体的城市韩国大邱市为研究对象，最后得出的结论为最佳城市人口规模约为 190 万人。Xiao-Ping Zheng（1998）以中心地区与目标区域之间距离为解释变量，以聚集经济和聚集不经济为被解释变量，利用日本东京都市圈内 127 个市、町和村的相关数据，进行实证分析，指出：最优城市规模位于距离市中心 10 km 的区域内，而距离城市中心 10 km 至 25 km 地点的聚集不经济则达到最高状态。而 Yoshitsugu Kanemoto（1996）等的研究则指出从聚集经济效益最大化的角度看，最佳城市人口规模落在 20 万至 40 万人的范围内。

国内城市的实证研究：根据"城市的规模净收益最大"的衡量标准，王小鲁和夏小林（1999）利用 666 个城市的数据，采用横断面和面板数据模型，实证分析发现：较大规模的城市有明显的净规模收益，而且明显优于小城市；由不同方法得到的最佳城市规模在 50 万至 400 万人之间，其峰值位置在 100 万至 200 万人之间；在达到最佳规模之前相对净收益随城市规模扩大而递增，在超过这一规模之后随城市规模扩大而递减[1]。但另有研究认为，人口数量落在 10 万人至 400 万人区间内的城市规模，净收益最大（陈伟民、蒋华园，2000）。金相郁（2004）利用 1978—2002 年的相关数据，运用聚集经济方法，实证分析了三个超大城市的最佳城市规模，结果表明：规模经济效益最大化的最佳城市规模为："北京市为 1 251.714 万人，天津市为 951.311 万人，上海市为 1 795.516 万人"。Au&Henderson（2006）则发现，中国城市最大聚集效应的峰值处在 250 万至 380 万人规模之间[2]。高鸿鹰和武康平（2007）则指出，我国"人口规模 100 万以上的城市具有相对较高的城市经济集聚效应和集聚效率"。但金相郁（2006）的另一实证研究的结果却与此相反，其结果显示：特大城市和超大城市的城市聚集经济不显著，而大中小城市中，小城市的城市聚集经济最大，这意味着小城市的发展潜力相对更大，而超大城市和特大城市的吸引力则在一定程度上是有限的[3]。

分区域来看，东中西部地区不同城市规模的聚集经济不同：西部地区全部城市的城市聚集经济高于东中部地区的城市聚集经济[3]；中部地区的特大城市和小城市都不呈现城市聚集经济，但大城市却具有城市聚集经济；西部地区的特大城市、中等城市和小城市都呈现城市聚集经济，其中特大城市的城市聚集经济最高[3]。

2.2.2 对经济增长的拉动作用最大

城市化是经济增长和发展的一个关键推动因素，是影响经济增长的重要变量（Muhammad Shahbz, 2012），这是由于规模经济和聚集效应的存在，使得"城市特别是大城市具有了较高的经济效益、较高的就业机会、较强的扩散性"（王小鲁、李小林，1999），因此成了区域经济增长和发展中的引擎。城市化与经济发展具有正相关关系（Brian J. L. Berry, 1965），而"人

---

1 王小鲁, 夏小林. 优化城市规模, 推动经济增长. 经济研究. 1999, 09; 李新伟. 我国人口城市化水平与发展方向探析[J]. 人口学刊. 2002, 08; 李健英. 论分工制度演进与城市经济聚集[J]. 华南师范大学博士论文. 2003, 07; 师云. 城乡一体化发展——北京的新目标[J]. 科技智囊. 2009, 02.

2 王小鲁. 中国城市化路径与城市规模的经济学分析[J]. 经济研究. 2010, 10.

3 金相郁. 中国城市规模效率的实证分析: 1990—2001 年[J]. 财贸经济 2006, 06.

均 GNP 和城市化水平之间则存在明显的对数曲线关系"（许学强等，1988；周一星，1995），城市化对经济增长的拉动作用如果用数据来说明，就是"城市人口每增加 5 个百分点，人均经济活动将至少增长 10%"，即在许多地区，城市化率每增长 1 个百分点，人均国内生产总值就会增长逾 2%[1]（Melanie Walker，2012）。城市化在区域经济增长和发展中起着很重要的拉动作用，城市化强有力地推动了经济增长（王小鲁、李小林，1999）。

那么，城市化究竟是如何促进经济增长的呢？一般认为其途径主要有以下几条：一是城市化带动投资需求和消费需求，扩大了内需，带动了经济增长；二是城市信息产业和服务业的发展促进了产业结构的优化升级，从而间接拉动了经济增长[2]。

对于城市的最优规模区间问题，不同学者的研究结果均不相同。有的学者认为，城市规模与经济增长之间的关系是非线性的[3]，且促进经济增长的最优城市规模是存在的（张应武，2009；袁凯华、徐小钦，2014），并进一步得出能实现经济增长最大化的城市人口规模约为 500 万人的结论，即人口规模在 500 万至 550 万人之间的城市经济增长最快（张应武，2009）。与此观点相类似，有的学者认为，城市规模与人均国内生产总值之间的关系也是非线性的，并且"从理论上讲，使人均 GDP 达到最大的适度城市规模约为 759 万人"（肖文和王平，2011），这一结论是通过对长三角地区 16 个城市的实证分析研究得出的。刘爱梅（2011）则运用柯布-道格拉斯生产函数，以 287 个地级及以上城市 1999—2008 年的面板数据，实证了城市规模与经济增长之间的非线性关系，并进一步指出两者之间的相关程度不稳定，当城市人口规模达到一定程度（400 万人）时，城市规模与经济增长的相关关系则会降低，即人口规模在 400 万以上的城市，城市规模与经济增长的相关系数小于人口规模在 400 万以下的城市。

---

1 谷中原. 乡域城镇化及其实现路径[J]. 湖南城市学院学报，2014，01.
2 沈坤荣，蒋锐. 中国城市化对经济增长影响机制的实证研究[J]. 统计研究. 2007，06；李秀敏，张丽莉. 城市化的乘数效应：吉林省与浙江省的比较研究[J]. 西南民族大学学报（人文社会科学版）. 2011，04；陈雪娟，余向华. 政区建制乡变迁对地区经济增长的影响——基于浙江省台州市路桥区的个案分析[J]. 税务与经济，2012，01.
3 王俊，李佐军. 拥挤效应、经济增长与最优城市规模[J]. 中国人口资源与环境，2014，07.

2.2.3 城市效率最佳

城市效率是衡量城市发展的一个重要指标，它体现的是城市资源的利用程度和优化配置状态。城市综合效率与城市规模从整体上呈现出正相关的关系，中小城市综合效率的上升主要得益于纯技术效率的不断提高，而特大型城市综合效率的提升则主要来源于城市规模效率的提高，且城市规模效率的增长程度随着城市规模的扩大呈现递增趋势（席强敏，2012）。

从总体上来看，城市规模效率与城市规模之间存在倒"U"型关系或变化趋势（席强敏，2012；王业强，2012），即随着城市人口规模的扩大和经济活动的不断积聚，城市规模效率呈现先上升再下降的变化态势，在城市规模效率曲线达到峰值之前，随着城市规模的扩大，城市规模效率将不断提高[1]，但当城市规模效率曲线达到最高点后，城市规模效率则逐渐降低，其中 50 万~100 万人口的中型城市和 100 万~200 万人口的大型城市，其规模效率是最高的，且接近最优水平，而对于 200 万人口以上的特大城市而言，由于相对于产出水平，其要素的总投入过多，规模效率则较低。因此，如果从城市综合效率和纯技术效率最高来考察城市最优规模，200 万人口以上的特大城市是最优的；如果从规模效率的角度来衡量，50 万~200 万人口的中型和大型城市规模则是最优的（席强敏，2012）。这一结论与金相郁（2006）的研究有一致的地方，他的实证研究显示："人口数量在 100 万以下的城市具有明显的城市规模效率，而人口在 100 万以上的城市反而没有了城市规模效率"。

如果将城市规模效率进一步细分，可分为经济规模效率、社会规模效率和环境规模效率。从这一角度来看，中国城市经济规模效率达到最大值时对应的城市规模约为 715 万人，城市环境规模效率达到顶点时对应的城市规模约为 932 万人，城市社会效率达到最大值时对应的城市规模分别为：教育 550 万人、文化 901 万人、医疗 352 万人、通信 702 万人、水电气 634 万人、交通 709 万人[2]，且城市规模效率达到最高峰时对应的城市规模在 352 万至 932 万人之间（王业强，2012）。

分区域来看，不同地区规模效率最优时对应的城市规模也不相同：东部地区的总体效率（超效率）与城市规模之间也存在倒"U"型关系，其拐点约为 996 万人，即人口规模在该拐点以下的城市效率是递增的，该拐点

---

[1] 马树才，宋丽敏. 我国城市规模发展水平分析与比较研究[J]. 统计研究，2003，07.
[2] 王业强. 倒"U"型城市规模效率曲线及其政策含义——基于中国地级以上城市经济、社会和环境效率的比较研究[J]. 财贸经济，2012. 11.

之后的城市总体效率则是下降的；中部地区城市的总体效率是递增的；西部地区的城市经济效率是下降的；东北地区的城市总体效率在263万人以下是递增的，之后则是递减的[1]。

如果用生产要素的利用和配置效率来衡量城市效率，劳动生产率、土地利用效率与城市规模大致为正相关关系，而资金利用效率则与城市规模大致为负相关关系[2]，人口规模在50万与100万之间的城市人均回报率高于人口规模在100万以上城市的人均回报率（高鸿鹰、武康平，2007），这意味着大城市在劳动生产率和土地利用效率方面处于优势，而在资金利用效率方面具有劣势；小城市的要素利用状况则与之相反（杨学成、汪冬梅，2002）。从城市的总体经济效率上来讲，超大规模城市的经济效率最高，中等规模城市的效率最低，而小城市、大城市和特大城市则居于中游且效率水平相近[2]。但马树才与宋丽敏（2003）的研究却与上述结论有所不同，他们的研究显示：无论是从城市规模效率，还是从城市可持续发展能力看，都是人口规模在100万至200万和50万至100万人的城市为最高[3]，这两个区间为我国城市规模的合理区间，而在城市发展规模还没有达到效率水平最大化之前，规模效率最好的则是特大型和大型城市。

2.2.4 成本最小

从成本的角度来研究，认为最优城市规模就是使公共服务的平均成本最小的人口规模[4]，或是使生产成本最小的城市规模[5]。最小成本理论是最早的最优城市规模理论之一，认为最优城市人口规模是人均成本的函数，城市人口规模与人均成本之间呈现"U"型关系[6]。随着人口的集聚，一方面

---

1 王业强. 倒"U"型城市规模效率曲线及其政策含义——基于中国地级以上城市经济、社会和环境效率的比较研究[J]. 财贸经济，2012.11.
2 杨学成，汪冬梅. 我国不同规模城市的经济效率和经济成长力的实证研究[J]. 管理世界，2002，04.
3 马树才，宋丽敏. 我国城市规模发展水平分析与比较研究. 统计研究，2003，07.
4 Amott R J, Stiglitz J E. Aggregate Land Rents, Expenditure on Public Goods, and Optimal City Size[J]. The Quarterly Journal of Economics, 1979, 93 (4): 471-500.
5 Evans A W. A Pure Theory of City Size in an Industrial Economy[J]. Urban Studies, 1972, (9): 49-77.
6 刘玲玲，周天勇. 对城市规模理论的再认识[J]. 经济经纬. 2006, 01；林目轩等. 城市合理规模的理论探讨和实证——以长沙市区为例[J]. 经济地理. 2007, 01.

带来了知识、技术等的外溢效应,另一方面也不可避免地对城市的发展成本产生了影响。在长期中,如果鼓励人口和经济活动向处于最优规模或将要达到最优规模的城市或中心移动,那么会使得这一地区提供公共设施的成本最小化,这个成本最小化的最佳规模应该介于大城市和小城镇之间(陶然,2005)。也就是说,随着人口、经济活动的集聚和城市规模的扩大,城市发展的成本将会逐渐变小,但当城市规模超过一定的界限或范围后,拥挤效应将明显增加城市的发展成本,这些不经济和不该有的外部性和城市规模是密不可分的。用最小成本方法确定的最佳城市规模:北京市为801.452万人,上海市为2 123.078万人,天津市为1 126.208万人[1]。

最小成本理论为我们提供了一个确定最佳城市规模的依据,但它也存在着一定的缺陷,例如,"最优城市规模并不单纯是公共成本的函数",且"最优城市规模是动态的而不是静态的"(Richardson, H.W., 1972)[2]。因此,Alonsn, W.(1970)提出的成本收益理论更愿意为学者们所接受,该理论不仅考察了聚集的边际成本,同时也将聚集边际收益纳入模型中,认为随着城市人口规模的扩大,聚集边际收益不断下降而聚集边际成本则不断上升[2],当两者相等时所确定的人口规模即为最优城市规模。从新古典经济学的角度来认识,如果将城市发展看作一个生产系统,则当边际收益与边际成本相等时,该生产系统将实现净收益的最大化。这和王小鲁等用城市规模净收益最大确定最佳城市规模的方法从本质上是相同的。

2.3 城市规模对居民收入的影响

人口和经济活动的聚集主要有两条途径:一条是农村劳动力向城市或区域中心转移,另一条是城市间人口的自由流动,即其他城市人口向某区域中心的转移。但无论是哪一条途径的集聚,都可以归结为外来移民力量的加入。对于居民收入方面,工资是城镇居民最普遍和最主要的收入来源,而就业则是实现工资收入的主要途径,因此,已有的研究主要关注的是移民对工资和就业的影响,以及移民对居民收入差异的影响。

---

1 金相郁. 最佳城市规模理论与实证分析:以中国三大直辖市为例. 上海经济研究. 2004, 7.
2 刘玲玲,周天勇. 对城市规模理论的再认识[J]. 经济经纬. 2006, 01.

2.3.1 城市规模对居民收入的影响

关于移民对城镇居民工资水平和就业的影响，其结论有三种观点：一是，移民对本地劳动力的就业率和工资水平具有显著的负向效应（Card，2001；Borjas，2003；刘学军、赵耀辉，2009）；二是，移民的加入能够显著地增加本地劳动力的工资水平（Mazzolari、Ragusa，2007；Ottaviano、Peri，2012）；三是，移民对居民收入的影响作用不确定，既有可能带来城镇居民收入水平的增长，也有可能引起收入水平的下降（周密等，2014）。

第一种观点：移民对本地劳动力的就业率和工资水平具有显著的负向效应。持有该观点的学者，其结论主要是由实证分析得出的。Card（2001）将一个城市中的一类职业看成一个单个相对独立的市场，并将不同的城市按职业划分成许多个相对独立的劳动力市场，在此基础上，利用这些由城市-职业分组定义的劳动力市场中，国际移民规模与本地劳动力的就业率及工资率的变化关系，来识别外来移民对本地居民的就业率和工资的影响[1]。估计结果显示："1985—1990年间，外来移民对美国本地低技能劳动力的就业率和工资具有显著的负向影响"，即移民流入比例达到10%，本地劳动力的就业率下降1%~2%，工资下降约1.5%[1]。Borjas（2003）以不同时间点上，全国劳动力按照教育-经验进行分组而形成的面板作为研究对象[1]，利用在不同时点上，不同教育-工作经验劳动力群体中，国际移民比例与本地劳动力就业率及工资率的变化关系，来识别移民对美国本地居民就业和收入的影响[1]。实证结果与Card的类似：外来移民降低了本地劳动力市场的工资水平——劳动力供给每增加10%，市场工资降低3%~4%[1]。刘学军和赵耀辉（2009）借鉴Card（2001）的研究框架，利用不同城市-教育组中，外来劳动力规模和本地劳动力的就业率和工资率之间的变化关系[1]，来考察和估计劳动力流入对城市劳动力就业和收入的影响。计量分析结果显示：从总体上看，外来劳动力对城市本地劳动力的就业和收入都具有显著的负向影响[1]，但影响程度很小——外来劳动力比率每增加10%，城市本地劳动力的就业率平均下降0.3%，工资平均下降0.65%[1]；而外来劳动力的流入对中低教育水平的城市本地劳动力，则影响程度较大——中低教育外来劳动力比率每增加10%，城市本地相同教育程度群体的工资下降3.2%[1]。

第二种观点：移民的加入能够显著地增加本地劳动力的工资水平。

---

1 刘学军，赵耀辉. 劳动力流动对城市劳动力市场的影响[J]. 经济学（季刊）. 2009，02.

Mazzolari 和 Ragusa（2007）的研究指出，对于中国而言，农村移民与城镇居民之间既是分工合作的关系，也是互惠共赢的关系，农民移民可以对城镇居民的收入产生正向影响。Ottaviano 和 Peri（2012）通过考察城市规模与要素价格之间的关系指出：一方面，集聚带来的知识和技术外溢提高了可贸易品部门的劳动生产率，因而会带来均衡工资的增加，从而提高城市的总收入[1]；另一方面，人口和经济活动的集聚可引致对不可贸易品的需求，刺激不可贸易品的生产，为劳动者带来更多的就业机会，从而引起个人工资水平的增加，因为高技能劳动者时间的机会成本更高，对家政等低技能服务业的消费需求更大，因此，随着城市规模的扩大，低技能劳动者也将会相对更多地获益[2]。

第三种观点：移民对居民收入的影响作用不确定。持有该观点的学者认为城市规模可同时产生规模效应和拥挤效应，不同城市规模下，进入城市的外来劳动力与本地市民既可能形成分工合作关系，促进本地市民收入增长，又可能形成竞争替代关系，导致本地市民收入下降。周密等（2014）利用中国社会综合调查开放数据库 2008 中的城市抽样调查数据，来考察外来劳动力流入对本地市民收入的影响，计量回归结果显示：外来劳动力流入对本地市民收入的影响随着城市规模的大小而变化——外来劳动力流入对特大城市本地市民工资的影响不显著，"而外来劳动力每增加 1%就会使省会级大城市本地市民的年薪提高 1.46%，中小城市本地市民的年薪下降 0.83%，即外来人口与城市本地市民之间的关系表现为，特大城市互补效应与替代效应同时并存；大城市、省会城市，表现为互补效应强于替代效应；中小城市则替代效应强于互补效应"。

2.3.2 城市规模对居民收入差距的影响

关于城市规模对居民收入差距的影响研究包括两个方面：一方面是城市化对城乡居民收入差距的研究；另一方面是城市规模对城镇居民内部收入差距的影响。

从理论上讲，城市化对城乡居民收入差距具有双重效应，既可能推动

---

1 陆铭，高虹，佐藤宏. 城市规模与包容性就业[J]. 中国社会科学. 2012，10.
2 周密，张广胜，黄利，彭楠. 外来劳动力挤占了本地市民的收入吗？——基于城市规模视角[J]. 上海财经大学学报. 2014，01；Gianmarco I. P. Ottaviano, Giovanni Peri. Rethinking the Effect of Immigration on Wages[J]. *Journal of the European Economic Association*, 2012, Vol. 10（1）.

城乡收入差距的不断扩大，也可能有利于城乡收入差距的缩小[1]。这是因为伴随着城市化发展，一方面城镇居民收入相对于农民来说增长更快[1]，或者我国城市化发展滞后的状况抑制了农民收入的增长，最终会推动和导致城乡收入差距的不断扩大，Aimin Chen（2002）、苏雪串（2002）、程开明等（2007）、胡春阳（2012）等的研究也证实了这一点；另一方面，城市化过程中产生的集聚效应和扩散效应，加速了城乡之间的要素流动和迁移，促进了农村劳动生产率的提高，从而使城乡居民收入之间的差距不断缩小，陆铭等（2004）、李秀敏等（2008）、程开明（2011）等对此进行的研究和分析，得出了相似的结论。

关于城市规模对城镇居民内部收入差距的影响研究，总体上还比较薄弱，得出的基本结论是：城市人口规模对城镇居民收入差距则具有重要的推高效应（范红忠等，2013），其原因是在我国现有劳动力市场条件下，由于农民工的工资与其打工所在城市的房价无关，农民工对城市居民中普通劳动力工资的拉平作用，导致城市居民中普通劳动力的名义工资与城市房价脱钩，最终的结果是城市规模越大，城市房价越高，居民收入差距越大[2]。

2.4　大城市对居民收入的影响

大城市是工业化、信息化、服务业成长和产业结构优化的要求（周牧之，2001），大城市在我国经济发展过程中有着举足轻重的地位（张应武，2009）。

首先，大城市是工业化的要求。工业，特别是重工业有着强烈的大城市区位指向，工业的发展需要大规模工业基础设施的支持，需要大量的劳动力，需要产业聚集的效益[3]，这都决定了工业分布的大城市取向。

其次，大城市是信息化的要求。信息经济有两个重要特征：一是信息

---

1 程开明. 聚集抑或扩散——城市规模影响城乡收入差距的理论机制及实证分析[J]. 经济理论与经济管理. 2011，08.
2 范红忠，张婷，李名良. 城市规模、房价与居民收入差距[J]. 当代财经，2013，12.
3 周牧之. 中国应选择以大城市圈为核心的城市化模式[J]. 中国城市经济，2011，11；谢扬. 中国城镇化战略发展研究——《中国城镇化战略发展研究》总报告摘[J]. 城市规划，2003，02；王虎. 探析东京圈的形成与整合[J]. 上海经济，2003，04.

载体之间的接触会产生较大的经济效益；二是速度的经济性大[1]。要实现高速的信息生产，就需要最大限度地实现这两个经济性，并将各种各样的信息载体尽可能大量地聚集在同一个空间[2]，以提高信息交流或传递的效率。因此，大城市在信息生产和传递方面具有明显优势。

最后，大城市是发展服务业，优化产业结构的要求。服务业的发展依赖于大量的消费者或消费群体，大城市为服务业提供了较大的用户基数、更为广阔的市场和更多的发展机会。服务业的成长，产业结构的优化，需要大规模城市。

综上所述，工业化、信息化和服务业发展对大城市的要求，本质上是对聚集经济的要求，也正是由于在大城市存在着明显的聚集经济效应（Henderson J.V, 1986），才使得大城市比小城市具有相对较高的生产率水平（Moomaw, 1985），即空间的集聚效应和资源的集约化意味着更高的劳动生产率。

从要素价格角度来解释，就是由于生产中存在规模报酬递增，消费者偏好商品的多样性，而且存在交通成本，使得厂商会选择在市场需求相对较大的地区组织生产经济活动，从而带来集聚地区总体上更大的生产规模和更高的要素价格水平，而在均衡处，集聚地区更高的要素价格必然意味着更高的劳动生产率，否则，追求利润最大化的厂商会选择其他要素价格相对较低的地区进行生产[3]。实证的研究结果，也证实了这一点。Glaeser 和 Resseger（2009）以城市人口数量度量城市规模，以城市劳动力的平均产出、中位家庭的实际收入、个人小时收入等指标度量城市劳动生产率，无论是城市层面还是个人层面的回归结果均显示，较大的城市规模更能够促进劳动生产率的提高[3]，即与小城市相比，以职工平均产出和职工工资度量的大城市的劳动生产率更高[3]（Sveikauskas, 1975）。

由于是以要素价格和劳动力产出来度量劳动生产率，因此，得出的结论是"相对于小城市，大城市的劳动生产率更高"。实际上，它揭示的是城市规模与劳动力工资，或者是与居民收入之间的关系，即相对于小城市，大城市的均衡工资或居民收入水平更高。

关于大城市对劳动力工资或居民收入水平的影响机理，可以由就业机

---

1 周牧之. 中国应选择以大城市圈为核心的城市化模式[J]. 中国城市经济, 2011, 11; 郭东强. 福建省信息化与城市化的发展[J]. 企业经济, 2004, 01.

2 郭东强. 福建省信息化与城市化的发展[J]. 企业经济, 2004, 01.

3 陆铭, 高虹, 佐藤宏. 城市规模与包容性就业[J]. 社会科学研究, 2012, 12.

制来解释,即大城市中更高的工资水平和劳动生产率水平暗含着其后更多的就业机会[1]。

一方面,劳动力的就业由劳动力市场的供给和需求共同决定,人口和经济活动的集聚,通过投入品分享、生产要素匹配和知识外溢,带来劳动生产率的提高,从而引起劳动力需求曲线的向右平移[2]。在劳动力供给曲线不变的情况下,劳动力需求曲线的外移,将带来就业数量和均衡工资水平同时上升,从而使城镇居民的收入增加。

另一方面,"就业的乘数效应"(Moretti,2010),即可贸易品部门就业机会的增加,带来不可贸易部门更多就业机会的增加。集聚经济通过投入品分享、人力资本和技术的外部效应等,提高了可贸易品部门的劳动生产率,引起可贸易品部门对劳动力需求量的增加,从而增加该部门或产业的就业数量和工资水平。可贸易部门就业和工资的上升,又促进了不可贸易品部门的工资和就业,从而使整个城市的就业水平和工资水平上升,城市的总收入也得以提高。而城市总收入的提高,又会引起市场对不可贸易品需求量的增加,从而带来不可贸易品部门就业数量更大幅度的增加,以及均衡工资水平的提高。正如 Moretti(2010)利用美国人口 1980、1990 和 2000 年的普查数据,实证研究所发现的,制造业部门每增加一个就业机会,将会为不可贸易部门带来 1.59 个就业机会[2]。

---

1 陆铭,高虹,佐藤宏. 城市规模与包容性就业[J]. 社会科学研究,2012,12.
2 高虹. 经济聚集的城市劳动力市场效应:基于文献的评论[J]. 世界经济情况,2014,03.

3 城市规模对城镇居民收入影响的实证分析

3.1 数据与模型

本研究使用的数据来自中国和印度尼西亚城乡移民调查（RUMICI）中的中国项目数据，即中国家庭收入调查（CHIPS）2009年的城市住户调查，该数据由国家统计局与项目组共同收集，涵盖了上海、江苏、浙江、安徽、河南、湖北、广东、重庆和四川9个省级行政单位的18个市辖区，包含了14 850个自然人的信息。为保证调查样本的随机性，CHIPS采用了两阶段分层随机抽样的调查方法，调查数据涵盖了大量个人层面的社会经济和人口信息，以利于我们在控制个人特征的基础上，识别城市规模对城镇居民收入的影响[1]。

为更好地考察和识别城市规模对城镇居民收入的影响，在最终的回归分析时，我们对样本进行了如下删减处理：本研究主要提取了CHIP调查中处于劳动力年龄范围内的受访样本，即男性年龄介于16周岁至60周岁之间，女性年龄介于16周岁至55周岁之间，但由于随着社会进步、居民生活水平和医疗水平的不断提高，人们的寿命普遍延长，因此，对于60周岁以上仍处于劳动或经营状态并获得收入的男性样本和55周岁以上仍处于劳动或经营状态并获得收入的女性样本，本研究仍然给予了保留；而对于不处于劳动力范畴的无收入样本则进行了剔除处理，主要包括：离休、退休、离岗、丧失劳动能力等人员和在校学生、待分配人员等尚未进入劳动年龄的样本。经过剔除处理后的样本情况见表3.1。

表3.1 经剔除处理后的样本情况　　　　　　　　　　单位：个

城市	样本数	男性样本	女性样本	劳动力年龄内样本	超过劳动力年龄样本
上海	1 123	592	531	1 086	37

---

[1] 陆铭，高虹，佐藤宏. 城市规模与包容性就业[J]. 社会科学研究. 2012，12.

续表

城市	样本数	男性样本	女性样本	劳动力年龄内样本	超过劳动力年龄样本
南京	713	376	337	638	75
无锡	392	202	190	350	42
杭州	736	378	358	683	53
宁波	368	182	186	343	25
合肥	731	382	349	686	45
蚌埠	378	199	179	354	24
郑州	684	341	343	635	49
洛阳	394	195	199	372	22
安阳	180	91	89	163	17
武汉	834	436	398	766	68
广州	652	333	319	618	34
深圳	474	243	231	458	16
东莞	518	267	251	483	35
重庆	869	427	442	785	84
成都	639	332	307	564	75
绵阳	434	207	227	411	23
乐山	199	94	105	177	22
合计	10 318	5 277	5 041	9 572	746

注：根据 CHIP2009 统计整理。

由于影响城镇居民收入的因素多种多样，因此，设定个人层面的收入方程为：

$$\ln(income_{ij}) = \beta_0 + \beta_1 \ln(population_{jt}) + \varphi X_{ij} + \phi M_{jt} + \upsilon \quad (3.1)$$

方程（3.1）为 Mincer 收入方程。Mincer 收入方程（又叫收入函数或工资方程）是由经济学家明瑟（Mincer，1974）根据人力资本理论推导出的研究收入决定和收入差异的函数[1]，该模型最初的基本形式是[2]：

$$\log y = \log y_0 + r_s + b_1 x + b_2 x^2 + u \quad (3.2)$$

---

[1] 孙志军. 中国教育个人收益率研究：一个文献综述及其政策含义[J]. 中国人口科学. 2004，10.

[2] 方芳. 明瑟尔人力资本理论[J]. 教育与经济. 2006，02.

其中，y 代表劳动者的收入，s 为劳动者受教育年限，x 为劳动者的工作经验（年限），u 为随机误差项。其基本思想是考察个人收入的变异有多少可以通过人力资本的差异解释[1]，因此，该函数其实是一个研究收入决定的模型。

Mincer 收入（或工资）方程是经济学经验研究的奠基石，它直接影响了经济学家对工资收入问题的认知（Heekman et al，2006）。而在经验研究中，研究者通常会根据自己的研究目的，除了纳入教育、经验这两个基本变量外，还在该收入决定模型中加入其他变量，如性别、年龄、地区、部门等。利用 Mincer 收入方程研究收入决定和收入差异的经验研究主要有：

戴原晨和黎汉明（1995）利用1994年关于企业职工的统计数据，以人均年收入为被解释变量，以所有制、地区、年龄、性别、学历和行业为解释变量，分析了不同所有制企业的性别工资差异情况。

Meng 和 Kidds（1997）利用1981年和1987年社科院专项调查数据，以月基本工资加奖金为因变量，以性别、年龄、教育、经验、职业和行业为自变量，分析得出结论：中国性别工资差别按国际标准衡量相当小。

Gustafsson et al.（2001）利用1989年城镇家庭收入调查数据，以税后货币收入为因变量，以性别、年龄、教育和职业为自变量，实证得出：中国的性别工资差异较大，可能存在性别歧视，也可能是由其他与性别相关的不可测特征变量造成的。

Dong 和 Boowles（2002）以月收入和小时收入为被解释变量，以学习年限、工作年限、户口、性别、工会身份、企业外贸、所有制、财务状况和所在地为解释变量，分析了城乡户口工资差异，不同所有制企业的工资差异和性别工资差异。

王美艳（2005）利用2001年城市劳动力调查数据，以月收入为因变量，以工龄、党员、培训、配偶、健康、所有制、家庭规模、岗位类型和城市为自变量，实证分析了城市劳动力的性别工资差异及其原因。

李荻等（2005）以年工资为被解释变量，以年龄、性别、教育、经验、居住地、所有制和产业为解释变量，分析了不同所有制部门的工资差异。

Chen et al.（2005）利用1995年的CHIP数据，以个人总收益为因变量，以性别、年龄、经验、教育、居住地、个人工作时长和所有制为自变量，实证分析了教育和经验对不同所有制企业职工的回报率，以及造成不同所有制企业工资差异的原因——所有制差异工时差异。

---

1 方芳. 明瑟尔人力资本理论[J]. 教育与经济. 2006，02.

杨涛和盛柳刚（2007）利用1988和1995年的CHIP数据，以月度收入为因变量，以教育、经验、性别、党员、少数民族和居住地，分析了党员和非党员的工作差异，指出党员身份是一种有益于职业的投资。

Li et al.（2007）利用2002中国双胞胎调查数据，以月工资收入为被解释变量，以教育、性别、年龄、党员和居住地为解释变量，研究指出党员身份代表的主要是能力。

夏庆杰等（2007）利用1988、1995、1999和2002四年的CHIP数据，以个人年收入为被解释变量，以教育、经验、性别、政治身份、民族、工作岗位为解释变量，分析了党员溢价的变化。

罗楚亮和李实（2007）利用2004年全国经济普查数据，以工资与补贴水平为因变量，以教育、职称、资本结构、经营绩效、规模、行业地区和经营时间为自变量，研究发现：2003年至2005年行业间的收入差距急剧扩张，人力资本对收入有显著影响。

Kaight 和 Yueh（2008）利用1999年城镇家庭调查，以月工资收入为因变量，以性别、教育、经验、党员、居住地、社交网络和父亲政治身份为自变量，分析指出党员身份对收入有正的影响，且对收入的影响越来越大。

夏庆杰等（2009）以教育、经验、性别、政治身份、民族、所有制和工作岗位为解释变量，分析了不同所有制企业的工资差异。

岳希明等（2010）利用2005年全国1%人口抽样调查，以小时工资为被解释变量，以性别、教育、年龄、城市生活费、地区和职业为解释变量，研究指出：垄断行业教育回报率低于竞争行业，垄断行业工资收入随年龄增长幅度比竞争行业大，两类行业的工资收入差距中不合理部分超过了50%；行业垄断是仅次于教育造成职工收入差距的第二重要因素。

陈钊等（2010）利用1988、1995和2002年的CHIP数据，以年劳动所得为被解释变量，以第二职业、全职、性别、年龄、党员、民族、教育、所有制、职业和城市为解释变量，实证发现：行业差距对工资差异的贡献逐渐增大，这主要是由国有垄断行业收入迅速提高造成的。

综上所述，Mincer收入方程已被广泛地应用于城镇居民收入或工资的影响因素及差异分析当中。

本部分就利用该方程来研究城镇居民收入水平，即假定城镇居民的收入水平由方程（3.1）决定，方程中的X和M分别是可能影响城市城镇居民i收入的个人特征向量和城市特征向量，下标i和j表示城市j中的个人i，t表示年份。方程（3.1）中的被解释变量为城镇居民月收入的自然对数。

对于居民的月收入，该研究将考察两个量，一个量是名义收入，一个量是实际收入。因此，在不同的情况下，该被解释变量具有不同的内涵：在考察名义收入时，该被解释变量为城镇居民的月收入 Income；在考察实际收入时，该被解释变量为城镇居民的实际月收入 Real Income，并用城镇居民的名义月收入与该城市当年的居民消费价格指数的比值来衡量。而解释变量中，核心变量为城市规模，用 2004 年至 2008 年年末样本城市市辖区平均总人口的自然对数来衡量。

可能影响城镇居民收入的个人特征变量 X 中，本研究纳入的主要变量有：性别变量 Male，其中，男性赋值为 1，女性赋值为 0；年龄变量 Age 及其平方 Age^2，年龄是城镇居民在接受访问时的周岁年龄；民族变量 Han，其中，汉族赋值为 1，其他民族赋值为 0；健康变量 Health，它反映了城镇居民自评的以同龄人为参照的健康状况，赋值为 1~5 的整数，对应的居民健康状况分别为"非常好""好""一般""不好""非常不好"；是否有配偶变量 Spouse，有配偶样本赋值为 1，没有配偶的样本赋值为 0；受教育程度变量 Education，它是城镇居民接受学校正规教育的年数；工作经验变量 Experience，用到 2008 年年底居民从事当前工作的年数来衡量。

可能影响城镇居民收入水平和就业概率的城市特征向量 M 中，本研究纳入的变量主要有：

核心变量人口规模变量 Population，以各市辖区 2004 年到 2008 年年末总人口的平均值的自然对数来衡量；

行业变量 Industry，用样本所从事的行业单位从业人员数与样本所在城市单位从业人员总数的比值来衡量；

产业结构变量，分别以样本城市市辖区第二产业生产总值和第三产业生产总值占样本城市市辖区 GDP 的比重（%）来衡量。之所以将该指标纳入进来，是因为不同的产业具有不同的资本密集度和技术密集度，因而对劳动力的吸纳能力和吸引力也不同，从而可能通过影响就业概率间接影响城镇居民的收入水平；

固定资产投资变量 Investment，用全社会固定资产投资占市辖区 GDP 的比重（%）来衡量，固定资产投资的增长将会增加对劳动力的需求，从而带动劳动力需求曲线向右平移，同样，该指标涉及的全社会固定资产投资和市辖区的 GDP 值，采用的均为各市辖区 2004 年到 2008 年的平均值；

外商直接投资变量 FDI，其对城镇居民收入水平的影响与全社会固定资产投资的作用类似，不同之处在于，外商直接投资还可能通过技术溢出效应促进劳动生产率的提高和城镇居民收入的增长。

为降低统计误差,以上城市特征向量中所涉及的数值:样本所从事行业单位从业人员数、城市单位从业人员总数、单位从业人员数、私营和个体从业人员数、样本城市市辖区的 GDP、第二产业生产总值、第三产业生产总值、全社会固定资产投资、外商直接投资,均采用 2004 年到 2008 年相应数值的平均值。

本研究纳入的其他城市特征变量还有:城市道路变量 Road,该变量用 2008 年样本所在城市市辖区人均铺装道路面积(平方米)来衡量;公共交通变量 Public Transport,该变量用 2008 年样本所在城市每万人拥有公共汽电车数量(辆)来衡量。将城市道路基础设施建设和交通状况作为影响城镇居民收入和就业的因素,是因为:城市道路基础设施建设和交通状况,一方面和城市规模直接相关联,并随着城市规模的不断扩大,其可以通过影响城镇居民的通勤成本而影响居民的收入和就业;另一方面城市道路和交通状况还可以通过影响人与人之间的信息传递效率,从而影响劳动力市场的匹配效率和居民的收入与就业。

此外,还有病床变量 Sickbed,该变量用 2008 年样本所在城市每万人拥有医院、卫生院床位数量(张)来衡量;绿化率变量 Rate of Afforest,该变量用 2008 年样本城市建成区绿化覆盖率(%)来衡量。病床变量和绿化率变量是用来衡量各城市生活福利水平的变量,不同的城市福利水平,给居民带来的效用水平不同,从而对外来人口的吸引力也不同。一般而言,生活福利水平高的城市更容易吸引外来人口的流入,从而引起城市规模的扩张。同时,较高的生活福利水平还有可能对城镇居民的收入预期和收入倾向产生影响,使居民更容易接受较低的收入水平。最后,该研究在城市特征向量中纳入了直辖市和省会城市哑变量,这是因为对于直辖市和省会城市而言,它们在对待劳动力的政策和制度方面可能与其他地级市存在明显差异,进而对城市居民的就业和收入水平带来影响。

本研究纳入的影响城镇居民收入的各个变量及其定义如表 3.2 所示。

表 3.2 变量列表

变量	定义
个人特征(X)	
收入	ln(月收入(元))
实际收入	ln(月收入(元))/所在城市居民消费价格指数

续表

变量列表	
变量	定义
性别	男性赋值为1；否则为0
是否有配偶	有配偶赋值为1；否则为0
民族	汉族赋值为1；否则为0
教育	接受正规教育的年数
健康	非常好，赋值为1；好，赋值为2；一般，赋值为3；不好，赋值为4；非常不好，赋值为5
经验	从事本职业的年数
城市特征（M）	
人口规模	ln(2004—2008年样本城市市辖区年末平均总人口)
行业	2004—2008年样本所从事行业的平均单位从业人员数/该城市2004—2008年单位从业人员数的平均值
第二产业的比重	2004—2008年样本城市市辖区第二产业平均生产总值/2004—2008年样本城市市辖区GDP的平均值
第三产业的比重	2004—2008年样本城市市辖区第三产业平均生产总值/2004—2008年样本城市市辖区GDP的平均值
外商直接投资	2004—2008年样本城市市辖区实际平均利用外资额/2004—2008年样本城市市辖区GDP的平均值
全社会固定资产投资	2004—2008年样本城市市辖区平均固定资产投资额/2004—2008年样本城市市辖区GDP的平均值
道路面积	2008年样本城市市辖区人均铺装道路面积
公共交通	2008年样本城市市辖区每万人拥有公共汽电车数量
医院床位数	2008年样本城市市辖区每万人拥有医院、卫生院床位数
绿化	2008年样本城市建成区绿化覆盖率

本研究所使用的数据中，衡量城镇居民个体特征的数据均摘自CHIP2009；衡量城市特征的数据均摘自2005—2009年中国城市统计年鉴，且表3.3给出了各变量的描述性统计结果。

表3.3 各变量的描述性统计结果

变量	观测值	平均值	标准差	最小值	最大值
月收入的对数	7 085	7.602	0.7	0.693	11.29
实际月收入的对数	7 085	2.942	0.7	-3.971	6.637
人口规模	10 321	5.946	0.809	4.51	7.168
性别	10 321	0.511	0.5	0	1
年龄	10 321	40.175	12.408	16	78

续表

变量	观测值	平均值	标准差	最小值	最大值
是否有配偶	10 151	0.753	0.431	0	1
民族	10 175	0.988	0.108	0	1
教育	10 122	11.833	3.363	0	35
健康	10 166	3.784	0.717	1	5
经验	7 088	13.689	10.829	0	51
行业	7 083	10.073	13.093	0.01	58.25
第二产业占比	10 321	48.982	6.007	36.23	66.54
第三产业占比	10 321	48.273	6.718	28.86	62.7
外商直接投资	10 321	4.551	1.355	1.34	7.26
固定资产投资	10 321	50.999	16.478	23.31	83.29
人均道路面积	10 321	12.006	6.957	5.44	37.84
公共交通	10 321	13.094	8.541	2.5	48.52
病床	10 321	64.574	17.161	30.41	94.75
绿化	10 321	40.995	9.336	30.63	68.94

3.2 城市规模对居民收入影响的 OLS 估计

3.2.1 最小二乘法

最小二乘法（简称 OLS），又叫最小平方法或高斯-莫卡夫定理，是一种通过最小化误差的平方和寻找数据的最佳函数匹配的方法[1]。这种方法最初运用在天体轨道的预测和估计中。高斯于 1829 年给出了最小二乘法的优化效果强于其他方法的证明，此后，该方法逐渐被社科研究所普遍接受和应用。利用最小二乘法，可以通过大量的样本数据简便地求得未知的数据，并使得这些求得的数据与实际数据之间误差的平方和为最小[2]；利用最小二乘法还可以通过大量的样本数据对曲线进行拟合[3]。例如：我们研究两个变量(x, y)之间的相互关系时，就可以用 OLS 方法拟合。具体步骤如下：

---

[1] 郝小亮. 最小二乘法原理在既有线测量中的应用[J]. 中国西部科技. 2010，18.
[2] 王辛. 改进的灰色遗传算法模型在价格预测中的应用[J]. 吉林大学硕士论文. 2010，04.
[3] 赵晓岗，安博文，李进文，应莉莉. 一种传像光纤束起点位置搜索的方法[J]. 计算机应用与软件. 2014，10.

将样本点（即观察到的关于 x 和 y 数值的组合）(x_1, y_1)、(x_2, y_2)、(x_3, y_3)、…、(x_n, y_n) 描绘在直角坐标系中，若发现这些点都落在一条直线附近，就可以假定这条直线的方程为

$$y_j = a_0 + a_1 x \qquad (3.3)$$

其中，a_0、a_1 是任意实数。为建立此直线方程就需要确定 a_0 和 a_1 的值。应用最小二乘法原理，将实测值 y_i 与利用公式计算值（$y_j = a_0 + a_1 x$）的离差 $(y_i - y_j)$ 的平方和 $\sum (y_i - y_j)^2$ 最小作为"优化判据"。

令

$$\phi = \sum (y_i - y_j)^2 \qquad (3.4)$$

把公式（3.3）代入公式（3.4）中得：

$$\phi = \sum (y_i - a_0 - a_1 x_i)^2 \qquad (3.5)$$

当 $\sum (y_i - y_j)^2$ 最小时，可将函数 ϕ 分别对 a_0、a_1 求偏导，并令这两个偏导数等于零，即得：

$$n a_0 + \left(\sum x_i\right) a_1 = \sum y_i \qquad (3.6)$$

$$a_0 \sum x_i + a_1 \sum x_i^2 = \sum x_i y_i \qquad (3.7)$$

从而得到两个以 a_0、a_1 为未知数的方程，将其组成方程组，并解得：

$$a_0 = \left(\sum y_i\right)/n - \left(\sum x_i\right)/n \qquad (3.8)$$

$$a_1 = \left[n \sum x_i y_i - \left(\sum x_i \sum y_i\right)\right] / \left[n \sum x_i^2 - \left(\sum x_i\right)^2\right] \qquad (3.9)$$

这时把 a_0、a_1 的值，即公式（3.8）和（3.9）代入公式（3.3）中，此时的公式（3.3）就是我们回归得出的一元线性方程，即利用最小二乘法得出的两个变量 (x, y) 之间的相互关系。

3.2.2 估计结果及其分析

本部分使用 OLS 回归估计了收入方程（3.1），结果如表 3.4 所示。在具体回归时，我们首先只在方程中纳入城市规模变量，然后再逐次纳入城镇居民个人特征向量和城市特征向量。

表 3.4 城市规模对城镇居民名义收入和实际收入的影响：OLS 估计

	被解释变量为 ln(income)			被解释变量为 ln(rincome)		
	(1)	(2)	(3)	(4)	(5)	(6)
城市规模	0.1244*	0.1370*	3.876608**	0.1258*	0.1383*	4.018737**
	(0.0715)	(0.0692)	(1.4254)	(0.0719)	(0.0695)	(1.4150)
城市规模的平方			-0.3377167**			-0.3499521**
			(0.1310)			(0.1303)
性别		0.2852***	0.2759***		0.2851***	0.2760***
		(0.0149)	(0.0164)		(0.0149)	(0.0164)
年龄		0.046789***	0.0497872***		0.0468***	0.0497413***
		(0.0073)	(0.0064)		(0.0073)	(0.0064)
年龄的平方		-0.0006799***	-0.0007114***		-0.0006801***	-0.0007106***
		(0.0001)	(0.0001)		(0.0001)	(0.0001)
是否有配偶		0.1638***	0.1403***		0.1633***	0.1390***
		(0.0412)	(0.0249)		(0.0412)	(0.0249)
民族		0.2669**	0.2017**		0.2681**	0.2015**
		(0.1045)	(0.0761)		(0.1048)	(0.0760)
教育		0.0652***	0.0598***		0.0653***	0.0597***
		(0.0065)	(0.0054)		(0.0064)	(0.0054)

续表

	被解释变量为 ln(income)			被解释变量为 ln(rincome)		
	(1)	(2)	(3)	(4)	(5)	(6)
健康		0.0304	0.0480***		0.0302	0.0480***
		(0.0225)	(0.0160)		(0.0224)	(0.0160)
经验		0.0153***	0.0155***		0.0153***	0.0154***
		(0.0016)	(0.0013)		(0.0016)	(0.0014)
行业			-0.0019**			-0.0019**
			(0.0008)			(0.0008)
第二产业比重			0.0136			0.0120
			(0.0164)			(0.0165)
第三产业比重			0.0152			0.0134
			(0.0180)			(0.0181)
外商直接投资			0.0459**			0.0469**
			(0.0189)			(0.0190)
固定资产投资			-0.1154***			-0.0116***
			(0.0029)			(0.0029)
人均道路面积			0.0022			0.0260
			(0.0132)			(0.0131)

续表

	被解释变量为 ln(income)			被解释变量为 ln(rincome)		
	(1)	(2)	(3)	(4)	(5)	(6)
公共交通			0.0080			0.0084
			(0.0085)			(0.0085)
医院床位数			-0.0090**			-0.0091**
			(0.0036)			(0.0036)
绿化			(0.0073)			(0.0077)
			(0.0054)			(0.0054)
直辖市	未控制	未控制	控制	未控制	未控制	控制
省会城市	未控制	未控制	控制	未控制	未控制	控制
R^2	0.0206	0.2461	0.3582	0.0210	0.2459	0.3591
观测值	7085	7031	7008	7085	7031	7008

注：***、**、*分别表示在1%、5%和10%的显著性水平上显著；括号里的数值是经过市区层面聚类修正的稳健性标准差。

表 3.4 中第（1）至（3）列给出了对收入方程的回归结果，其中被解释变量为城镇居民的名义月收入。其中，城市人口规模的回归系数在第（1）、（2）列中在 10% 的显著性水平上为正，在第（3）列中在 5% 的显著性水平上为正，说明城市人口规模显著地提高了城镇居民的名义收入。这一实证结果与前述中的理论预期是一致的，这是因为随着人口在空间上的不断积聚，城镇居民能更好地通过交流、模仿和学习来积累人力资本，从而提高劳动生产率（Lucas，1988）。人口集聚带来的正外部性、知识和技术的外溢效应，使得城镇居民的劳动生产率得到提高，进而使名义收入水平得以增长。城市规模对城镇居民名义收入不仅有显著的影响，并且该影响还呈现出先上升后下降的倒"U"型轨迹，这一结果和前面部分论述的理论预期也是一致的，即城市规模不是越大越好，城市的发展存在着一个最佳边界。该倒"U"型的拐点为 310.89 万人[1]，也就是说，在其他影响因素不变的情况下，促进城镇居民名义收入增长最大化的城市规模约为 310.89 万人。

城镇居民个人特征也显著地影响了城镇居民的名义收入水平。其中，男性具有更高的名义收入，这是由男性的生理特点决定的，且一些特殊行业对女性有很强的限制，但男性基本上不存在该困惑。年龄变量对居民收入的影响也是显著的，并同样呈现出先上升后下降的倒"U"型状态，这意味着随着年龄的增长，城镇居民的名义收入增长速度先上升再下降，其拐点年龄约为 35 岁。是否有配偶变量对城镇居民的名义收入的影响也很显著，有配偶的城镇居民，其名义收入要高于单身城镇居民的名义收入。虽然我国实行民族平等的政策，但在我们的回归中，汉族身份对城镇居民的名义收入却有显著的影响，即汉族身份比少数民族身份的城镇居民名义收入高，这可能是由于历史和地理原因，少数民族地区的教育水平和社会发展水平相对于汉族地区要低一些，从而影响了该地区城镇居民的劳动生产率和收入水平。而教育水平或受教育程度则是影响城镇居民收入水平的一个很重要的因素，这一点也在我们的回归结果中得到了证实，即受教育的年数对城镇居民名义收入的影响显著。一般而言，健康状况越差的城镇居民，其名义收入水平也会相应越低，因为健康状况是决定劳动生产率的一个重要因素，而在竞争性市场上，城镇居民的收入由他们的边际劳动生产率来决

---

[1] 该数据是根据规模变量和规模变量的平方的系数计算得出的，即当 ln(population)= 城市规模变量的系数/（2*城市规模变量平方的系数）时，ln(income) 达到最大值。

定。工作经验的增长对居民收入水平的提高也有显著的影响，即工作的时间越长，城镇居民的名义收入越高。

与个人特征变量对城镇居民名义收入有显著的影响不同，回归结果显示，大多数城市特征变量对城镇居民名义收入的影响并不显著，9个城市特征变量中，只有行业、固定资产投资、外商直接投资和医院床位数4个变量通过了显著性检验。其中，行业、固定资产投资和医院床位数变量对城镇居民名义收入提高具有显著的反作用，而外商直接投资变量对城镇居民名义收入水平的提高则有显著的正向促进作用。城市特征变量对城镇居民收入增长影响的分析如下：

行业单位从业人员数增加会使该行业城镇居民的名义收入下降，对这一结果的解释是：单位从业人员数增加意味着该行业劳动力供给上升，导致行业均衡工资下降，进而造成该行业城镇居民名义收入降低。

固定资产投资的增加也显著地降低了城镇居民的名义收入，这和投资增加会加大对劳动力的需求，从而提高劳动力的均衡工资和收入水平的理论预期相悖，但也是可以被解释的，即依赖于固定资产投资来实现经济增长的城市，其劳动生产率和居民收入水平，比依赖消费实现经济增长的城市低，这种结果的产生可能与我国政府主导型投资的效率较低有关。

病床变量对城镇居民名义收入具有负向影响，即每万人拥有医院、卫生院床位数的增加会降低城镇居民的名义收入。这一结果可以用前面部分的理论予以解释，即随着福利水平的提高，城镇居民对较低的收入更容易接受。

与国内固定资产投资相反，外商直接投资占市辖区GDP的比重的增加显著提高了城镇居民的名义收入，主要原因是外商直接投资的增加可以促使劳动力需求曲线向右平移，从而提高了劳动力市场的均衡工资和城镇居民的名义收入；也可能是因为外商直接投资以市场为导向，其投资效率明显比政策导向的固定资产投资更高一些，从而带来城镇居民收入的增长。

表3.4中第（4）至（6）列给出了被解释变量为实际收入的收入方程的回归结果。与被解释变量为名义收入的收入方程的回归结果相类似，城市规模对城镇居民实际收入增长的影响显著，第（4）、（5）列中，城市规模变量的回归系数在10%的显著性水平上为正，第（6）列中，城市规模变量的系数在5%的显著性水平上为正，说明城市规模对城镇居民名义收入具有显著的拉动和促进作用。在控制了城市特征和居民的个人特征之后，在其他因素不变的情况下，平均而言，城市人口数量每增加1%，城镇居民

的实际收入水平将会增长约 4.02 个百分点,这比对居民名义收入的影响更大,其原因可能是在城市规模扩张过程中,城镇居民收入增长的速度大于物价上涨的速度造成的。城市规模对城镇居民实际收入的影响也呈现出先上升后下降的倒"U"型轨迹,该倒"U"型的拐点约为 311.64 万人。也就是说,从促进城镇居民实际收入增长最大化的意义上来说,在其他影响因素不变的情况下,城市发展的最佳规模约为 311.64 万人,这比前面部分确定的最佳城市规模 310.89 万人要大一些,其原因可能是规模经济对城镇居民收入的促进作用比由此带来的物价上涨幅度更大造成的。

个人特征变量对城镇居民实际收入的影响都很显著,且男性的月实际收入一般比女性的月实际收入高;有配偶城镇居民的实际收入比单身城镇居民高;汉族身份城镇居民的实际收入比少数民族身份的居民高;健康状况越差的城镇居民,其实际收入水平也会相应越低;城镇居民受教育的年数或工作经验的年数越长,其月实际收入越高。年龄变量对城镇居民实际收入的影响同样呈现出先上升后下降的倒"U"型状态,即随着年龄的增长,城镇居民的实际收入增长速度先上升再下降,其拐点与前面部分的回归结果一致,同样约为 35 岁。

3.3 工具变量估计

3.3.1 工具变量回归[1]

工具变量是用来解决内生变量偏差的变量。在 OLS 估计中,解释变量可能会和扰动项相关,即不满足前定变量的假设,这时候,无论样本容量有多大,OLS 估计量也不能收敛到真实的总体参数,即由样本估计得到的参数和总体参数不一致,进而使内生变量产生偏差。由于这种偏差是由内生变量与扰动项相关引起的,因此我们可以将内生变量分为两部分:一部分与扰动项相关,另一部分与扰动项不相关,这样与扰动项不相关的部分将得到与总体参数一致的估计。为了分离内生变量,解决内生变量偏差,我们可以引入和借助一个新的变量,这个新变量被称为工具变量(Instrumental Variable,简记为 IV)。

---

[1] 陈强. 高级计量经济学及 Stata 应用[M]. 北京:高等教育出版社. 2010,10: 120-130.

一个有效的工具变量必须同时满足两个条件：一是相关性，即工具变量与内生解释变量相关；二是外生性[1]，即工具变量与扰动项不相关。利用工具变量的这两个性质，就可以得到和总体参数一致的样本估计量，具体做法是运用二阶段最小二乘法（Two Stage Least Square，简记为 2SLS 或 TSLS），即通过两个回归来完成。

第一阶段回归：用内生解释变量对工具变量回归，并得到内生解释变量的拟合值；

第二阶段回归：用被解释变量对第一阶段回归的拟合值进行回归[2]，得到与总体参数一致的样本参数估计值。

在具体的计量中，二阶段最小二乘法估计的结果是否真的有效还需要进一步检验，其原因是弱工具变量问题的存在。所谓的弱工具变量问题指的是如果工具变量与内生解释变量的相关性很弱，就会导致估计量的渐近方差变得过大，直观上来说，就是由于工具变量中包含的关于内生解释变量的信息很少，因此，利用这部分信息进行的工具变量法估计结果就不准确，即使样本容量很大也很难收集到足够的信息从而收敛到真实的参数值，致使推断失效。因此，必须对工具变量的有效性进行检验，以消除弱工具变量问题，这样才能保证工具变量估计的结果有效。判断弱工具变量的方法主要有两种：

方法一：使用"偏 R^2"。假设回归模型为：

$$y = x_1\beta_1 + x_2\beta_2 + \varepsilon$$

其中，只有 x_2 为内生解释变量。记工具变量为 z_2，在第一阶段回归中，$x_2 \xrightarrow{OSL} x_1$，由于 R^2 包含了内生变量 x_2 与工具变量 z_2 相关性的信息，但也可能是由 x_2 与 x_1 的相关性造成的，因此，应该使用滤去 x_1 影响的"偏 R^2"。若该"偏 R^2"很低，则工具变量 z_2 即为弱工具变量，无效；否则，工具变量 z_2 有效。

方法二：在第一阶段回归中，

$$x_2 = x_1' \gamma_1 + x_2' \gamma_2 + error$$

---

[1] 李坤望，刘健. 金融发展如何影响双边股权资本流动[J]. 世界经济. 2012，08；刘健，宋文文. 制度差距如何影响 FDI 与 FPI 流动[J]. 经济与管理评论. 2013，01.

[2] 王必好，黄浩洁. 寡头垄断市场结构的技术创新效应研究——基于波特兰和古诺均衡分析的视角[J]. 经济评论. 2013，09.

检验原假设"$H_0: \gamma_2 = 0$"。一个经验原则是：如果此检验 F 统计量大于 10，则可拒绝"存在弱工具变量"的原假设，即不存在弱工具变量问题；如果 F 统计量小于 10，则说明 z_2 为弱工具变量，无效。

3.3.2 估计结果及其分析

在考察城市规模对城镇居民收入的影响过程中，由于可能存在着未被列入的变量，同时城市规模和城镇居民收入之间可能存在着交互作用，因此我们需要找到一个城市规模的合理工具变量，以便用工具变量估计方法来克服回归方程中可能存在的内生性偏差。

本研究中，我们选择使用样本城市 1953 年人口数量的自然对数，作为城市规模变量的工具变量，该历史数据来源于第一次全国人口普查的主要数据报告。一方面，从理论上来讲，历史人口与未来的人口规模正相关，因此，样本城市 1953 年的人口数量会影响到该城市未来的人口规模，即两个变量相关；另一方面，1953 年样本城市的人口数量很难对城镇居民当前的收入造成直接影响，即 1953 年的人口数量和个人收入决定模型中的干扰项不相关。因此，样本城市 1953 年的人口数量满足作为工具变量的基本条件。另外，还要进一步进行弱工具变量的检验，即用极大似然法（LIML）来剔除工具变量中的弱工具变量。LIML 的估计结果显示，各解释变量系数估计值与 2SLS 估计的各解释变量系数估计值非常接近，说明不存在弱工具变量问题，我们所选择的工具变量是有效的[1]。

表 3.5 给出了城市规模对城镇居民名义收入和实际收入的影响，其中第（1）、（2）列给出了城市规模和可能影响城镇居民收入的个人特征变量的估计系数，第（3）、（4）列给出了其他可能影响城镇居民收入的城市特征变量的估计系数。由于我们衡量城市规模采用的指标是该城市 2004 年到 2008 年人口数量的简单平均值，因此，第一阶段的估计结果显著为正，说明样本城市 1953 年的人口数量对该城市半个世纪以后的当前人口规模具有显著的正影响，如果样本城市 1953 年的人口规模扩大 1%，则该城市半个世纪以后的人口规模将比现在增加约 0.73 个百分点。

---

1 陈强. 高级计量经济学与 Stata 应用[M]. 北京：高等教育出版社. 2010, 10: 134-143.

表 3.5 城市规模对城镇居民名义收入和实际收入的影响：工具变量估计结果

变量	（1）被解释变量为 ln(income)	（2）被解释变量为 ln(rincome)	变量	（3）被解释变量为 ln(income)	（4）被解释变量为 ln(rincome)
第一阶段					
工具变量	0.7349***	0.7349***			
	(0.0043)	(0.0043)			
第二阶段					
城市规模	3.529769***	3.649913***	行业	−0.0021***	−0.0021***
	(0.5482)	(0.5479)		(0.0005)	(0.0005)
城市规模的平方	−0.3118876***	−0.3219761***	第二产业比重	0.0265***	0.0251***
	(0.0488)	(0.0487)		(0.0050)	(0.0050)
性别	0.2727***	0.2727***	第三产业比重	0.0295***	0.0277***
	(0.0140)	(0.0140)		(0.0053)	(0.0053)
年龄	0.0493219***	0.0493024***	外商直接投资	0.0418***	0.0423***
	(0.0080)	(0.0080)		(0.0081)	(0.0081)
年龄的平方	−0.0007079***	−0.0007075***	固定资产投资	−0.0107***	−0.0106***
	(0.0001)	(0.0001)		(0.0007)	(0.0007)
是否有配偶	0.1380***	0.1377***	人均道路面积	−0.0037	−0.0140
	(0.0236)	(0.0236)		(0.0033)	(0.0033)
民族	0.2187**	0.2183**	公共交通	0.0086***	0.0090***

续表

变量	(1) 被解释变量为 ln(income)	(2) 被解释变量为 ln(rincome)	变量	(3) 被解释变量为 ln(income)	(4) 被解释变量为 ln(rincome)
教育	0.0602***	0.0602***	医院床位数	−0.0090***	−0.0009***
	(0.0029)	(0.0029)		(0.0009)	(0.0009)
健康	0.0434***	0.0432***	绿化	−0.0051**	−0.0055
	(0.0107)	(0.0107)		(0.0022)	(0.0022)
经验	0.0163***	0.0162***	直辖市	控制	控制
	(0.0008)	(0.0008)	省会城市	控制	控制
R^2				0.3542	0.3547
F 值				152.34	152.86
观测值				7008	7008

注：***、**、*分别表示在1%、5%和10%的显著性水平上显著；括号里的数值是稳健性标准差。

第二阶段估计结果显示，城市规模变量对城镇居民名义收入和实际收入的回归系数都在 1% 的水平上显著为正，说明城市人口规模对城镇居民的名义收入和实际收入的增长都具有显著的拉动作用。同时，城市人口规模对城镇居民名义收入和实际收入的拉动作用都呈现出倒"U"型轨迹，即城市规模对城镇居民名义收入和实际收入的拉动作用都呈现出先上升再下降的态势，其拐点分别约为 286.78 万人和 289.45 万人。这意味着，在控制了其他特征变量的情况下，城市规模在达到拐点规模之前，随着人口数量的不断增加，城镇居民的名义收入和实际收入都将不断上升；但达到拐点规模之后，随着城市人口数量的增长，城镇居民的名义收入和实际收入不仅不会继续上升，反而会下降。这也可以说明，从促进城镇居民名义收入和实际收入最大化的角度来讲，最佳城市规模是存在的，这与前面部分的理论预期以及 OLS 回归结果都是一致的。

与 OLS 的估计结果一致，工具变量估计结果显示：个人特征变量对城镇居民的名义收入和实际收入的增长都具有显著的正向影响。一般而言，男性的名义收入和实际收入水平都高于女性；有配偶城镇居民的名义收入和实际收入都高于单身城镇居民；汉族身份城镇居民的名义收入和实际收入都高于少数民族居民；受教育或工作的年数越长，城镇居民的名义收入和实际收入也都越高。年龄变量对城镇居民的名义收入和实际收入都具有显著的正向影响，并且其作用轨迹同样呈现出倒"U"型的形状。根据结果计算，该倒"U"形态曲线的拐点都约为 35 岁，即在拐点年龄 35 岁之前，随着年龄的增长，城镇居民的名义收入和实际收入的增长速度不断上升，但在拐点年龄之后，虽然随着年龄的增长，城镇居民的名义收入和实际收入虽然也在增加，但增长速度却越来越慢。

关于城市特征变量对城镇居民收入增长的影响，工具变量估计结果显示：绝大部分的城市特征变量对城镇居民的名义收入和实际收入都具有显著的影响。各城市特征变量对城镇居民收入的影响情况，分析如下：

行业变量对城镇居民收入具有显著的负效应，即随着居民所在行业单位从业人员数占比的增加，城镇居民的名义收入和实际收入都将会下降。

第二产业及第三产业占市辖区 GDP 的比重的增加，会促进城镇居民的名义收入和实际收入的增加。这是由于第二产业、第三产业占比的上升，意味着产业结构的优化升级及产出的增加，一方面，使得对劳动力的需求量相应增加，引起劳动力市场上的需求曲线向右平移，均衡工资上升；另一方面,劳动生产率的提高,使得城镇居民收入得以增长。

外商直接投资占市辖区 GDP 的比重的增加,促进了城镇居民的名义收入和实际收入的增长;固定资产投资占市辖区 GDP 的比重的增加,对城镇居民的名义收入和实际收入具有负向拉动效应。

公共交通变量对城镇居民名义收入和实际收入的增加具有显著的正向影响,这是由于交通基础设施的改善,一方面提高了劳动力市场的匹配效率,进而促进了居民收入的增加;另一方面则通过降低和节约城镇居民的时间和生活成本,提高了城镇居民的劳动效率,进而使城镇居民的收入得以提高。

城市生活福利变量,即医院床位数和建成区绿化覆盖率变量对城镇居民的收入也都具有显著的负效应,这可能是由于福利水平的提高,使得城镇居民对低收入的状态更容易接受和满足。

另一个交通设施变量,即道路面积变量对城镇居民名义收入和实际收入具有显著的负效应,这和交通基础设施改善增加城镇居民收入的理论预期相悖。其原因可能是这一类交通基础设施的改善往往是伴随着城市面积规模的扩展而产生的,一方面大部分的城镇居民并不能从中受益,却会承担由此产生的税赋成本;另一方面,其效益在短时间中尚未显现出来。

综上所述,以城镇居民名义收入和实际收入为被解释变量,以城市规模为核心变量的 OLS 估计和工具变量估计(2SLS),其结果都显示:在控制个人特征和城市特征的情况下,城市规模变量的估计系数都显著为正,说明城市规模对城镇居民名义收入和实际收入都具有显著的拉动和促进作用。估计结果进一步显示,城市人口规模对城镇居民名义收入和实际收入的拉动作用都呈现出倒"U"型轨迹,即城市规模对城镇居民名义收入和实际收入的拉动作用都呈现出先上升再下降的态势,其拐点分别约为 286.78 万人和 289.45 万人。这意味着,在控制了其他特征变量的情况下,城市规模在达到拐点规模之前,随着人口数量的不断增加,城镇居民的名义收入和实际收入都将不断上升;但达到拐点规模之后,随着城市人口数量的增加,城镇居民的名义收入和实际收入则会逐渐下降。这也可以说明,从促进城镇居民名义收入和实际收入最大化的角度来讲,最佳城市规模是存在的,在其他影响因素不变的情况下,对城镇居民收入增长有效率的城市规模落在 286.78 万人至 289.45 万人的区间上。

3.4 城市规模对城镇居民收入影响的差异性分析

前一部分的回归结果，反映了城镇居民名义收入和实际收入对城市规模的平均响应，但城市人口规模的扩张对城镇居民的影响，很可能存在着异质性。这是由于，城镇居民收入的高低受到多种因素的影响，这些因素包括：个人特征因素，即城镇居民在个人经验（戴园晨和黎汉明，1995；Meng&Kidds，1997；于学军，2000；Gustafsson et al.，2001；Chen et al.2005；Appleton et al.2005；夏庆杰等，2009）、技能等方面存在着差异；劳动力市场上存在的制度性和非制度性进入壁垒，即外地移民的就业和职业选择一方面受到地方政府制定的各种歧视性政策和规定的限制（蔡昉等，2001），另一方面还受到语言、文化、习俗等非制度性壁垒的限制（Chen et al.，2014）；城镇居民所从事行业（罗楚亮和李实，2007；陈钊，2010）的特点不同等。由于这些影响因素的存在，导致了城镇居民从城市化过程中获得的收益大小或面临的冲击程度可能会有所不同。鉴于此，本部分内容将从城镇居民的个人特征因素，即受教育的程度或技能水平（于学军，2000；李实和丁赛，2003；王海港，2007；夏庆杰等，2009），城镇居民所从事行业的差异，即劳动密集度、垄断程度（岳希明，2010；杜鑫，2010）和行业开放度等出发来考察城市规模对不同特征城镇居民收入的影响。

3.4.1 对不同技能组城镇居民收入的影响

城市规模在为所有劳动者带来收益的同时，不同技能的劳动者从中获益的大小可能并不相同，这种差异性主要来自两个方面：一是由于低技能者的就业更多地集中在低技能服务业，而低技能服务业又是不可贸易品部门的一个重要组成部分，因而，与中、高技能者相比，低技能者可能从集聚中获得更多好处；[1] 二是知识和人力资本存在外部效应，与中、低技能行业相比，高技能行业对知识的依赖性更强，因此，随着该类行业劳动生产率的提高，受知识和人力资本溢出的影响也将会更大，同时，由于高技能者具有相对更强的学习能力，因此从事高技能行业的高技能者从经济聚集中可能获益更大。

鉴于此，本部分将考察城市规模对具有不同技能水平的城镇居民的收入的影响。借助鉴陆铭等（2012）的研究，本部分将受教育程度作为衡量

---

[1] 陆铭，高虹，佐藤宏. 城市规模与包容性就业[J]. 中国社会科学. 2012，12.

城镇居民技能水平的指标,并以城镇居民接受学校正规教育的年数为标准,将城镇居民分为了三个组:受学校正规教育的年数小于等于 9 的为低技能组;受教育年数为 9 年以上 12 年以下(包括 12 年)的为中等技能组;受教育年数大于 12 年的为高技能组。在分组的基础上,分别对上述各组样本进行回归估计,以检验城市规模扩张对不同技能组城镇居民收入增长的影响是否存在差异。

表 3.6 和表 3.7 给出了不同技能组样本的回归结果。结果显示:在以城镇居民名义收入为被解释变量的回归中,城市规模变量对各技能组城镇居民样本的 OLS 估计系数和工具变量估计(2SLS)系数都显著为正,说明城市规模对不同技能水平城镇居民的名义收入都具有显著的正向影响。估计结果还进一步显示:随着技能水平的提高,城市规模变量对城镇居民名义收入的影响系数越来越大,说明城市规模对城镇居民名义收入的拉动作用,随个人技能水平的上升而逐渐增大。由此可见,城市规模扩张对高技术水平城镇居民名义收入增长的影响最大,其次是中等技能水平的居民,对低技能水平城镇居民名义收入增长的影响最小,即城市规模对城镇居民名义收入的促进作用,随个人技能水平的提高而增大。这可能是由于一方面,人口和经济活动的集聚带来了更多的市场需求和机会,增加了城镇居民的名义收入;另一方面,低技能型居民之间存在着较高的替代关系,这将会降低该组城镇居民的名义收入。而在人口和经济集聚过程中,低技能型居民对中等技能水平和高技能水平城镇居民的替代关系较小,且随着技能水平的提高,这种替代关系将变得越来越弱。并且,随着低技能型居民的增加,将进一步促使中等技能水平和高技能水平居民与从事的工作更匹配,或使其更专门化地从事高技能水平的工作,技能的更充分发挥,带来了该两组城镇居民名义收入较大幅度的上升和提高。因此,虽然城市规模对低技能的城镇居民带来了名义收入的提高,但其提高幅度却相对于中技能组和高技能组要低一些,这是因为有一部分被替代效应抵消掉了。

表 3.6 城市规模对不同技能组城镇居民名义收入的影响

	OLS 估计			2SLS 估计		
	低技能组	中技能组	高技能组	低技能组	中技能组	高技能组
城市规模	2.8426***	3.3849**	5.1206***	2.5887**	3.5443***	4.0346***
	(0.8025)	(1.2843)	(0.6164)	(1.1397)	(0.8274)	(0.9447)

续表

	OLS 估计			2SLS 估计		
	低技能组	中技能组	高技能组	低技能组	中技能组	高技能组
个人特征	控制	控制	控制	控制	控制	控制
城市特征	控制	控制	控制	控制	控制	控制
R^2	0.3055	0.3291	0.2922	0.302	0.3255	0.2806
观测值	1698	2508	2802	1698	2508	2802

注：***、**、*分别表示在 1%、5%和 10%的显著性水平上显著；括号里的数值是稳健性标准差。（下同）

表 3.7　城市规模对不同技能组城镇居民实际收入的影响

	OLS 估计			2SLS 估计		
	低技能组	中技能组	高技能组	低技能组	中技能组	高技能组
城市规模	2.9742***	3.5246**	5.2760***	2.6811**	3.6616***	4.1765***
	（0.8024）	（1.2703）	（0.6162）	（1.1398）	（0.8267）	（0.9439）
个人特征	控制	控制	控制	控制	控制	控制
城市特征	控制	控制	控制	控制	控制	控制
R^2	0.3068	0.3304	0.293	0.303	0.3264	0.2807
观测值	1698	2508	2802	1698	2508	2802

与以城镇居民名义收入为被解释变量的回归相似，在以城镇居民实际收入为被解释变量的回归中，城市规模变量的估计系数在对各技能组城镇居民样本的 OLS 估计和工具变量估计（2SLS）中，都显著为正，说明城市规模对不同技能水平城镇居民的实际收入都具有显著的正向影响，并且随着技能水平的提高，城市规模对城镇居民实际收入增长的影响系数越来越大。这说明，城市规模对城镇居民实际收入的促进作用，也将随个人技能水平的提高而增大。

总之，城市规模对不同技能水平城镇居民收入的增长都具有显著的促进和拉动作用，并且随着技能水平的提高，城市规模对城镇居民收入增长的这种促进作用越来越大。这一结果也进一步说明，个人技能水平越高，城镇居民从人口和经济集聚中获得的收益越大，而面临的冲击则越小；反之亦然。

3.4.2 对不同行业城镇居民收入的影响

3.4.2.1 按劳动密集度分组

借鉴张长春（1994）按照生产要素的密集度对工业行业进行分类的方法，即用行业人均资金占有量来区别劳动密集型行业和资金密集型行业。具体分类标准和操作步骤为：

首先，独立计算出各行业的资金总额和行业从业人员数。选取各行业的固定资产投资额作为各行业资金总额的衡量指标，选取各行业单位从业人员数、私营和个体从业人员数之和作为各行业从业人员数的衡量指标。为了减小统计误差，对各行业的固定资产投资额和从业人员数，我们采用各行业这两个指标2004—2008年的平均值。

其次，计算各行业的人均资金占有量。具体方法是用各行业的平均固定资产投资额除以各行业平均从业人员数，其比值即为各行业的人均资金占有量。

最后，以全部行业的人均资金占有量作为区分劳动密集型行业和资金密集型行业的标准。全部行业2004—2008年的平均固定资产投资额与平均从业人员数之比，即为全部行业的人均资金占有量。如果某个行业的人均资金占有量大于全部行业的人均资金占有量，我们就说这个行业属于资金密集型行业；反之，如果某个行业的人均资金占有量小于全行业的均值，该行业就属于劳动密集型行业。

表3.8给出了各行业和全行业的人均资金占有量，并进行了排序。从中可以看出：根据我们的分类方法，金融业，批发和零售业，居民服务和其他服务业，建筑业，租赁和商务服务业，住宿和餐饮业，卫生、社会保障和社会福利业，教育业，科学研究、技术服务和地质勘查业，以及公共管理和社会组织共10个行业属于劳动密集型行业；而制造业，农林牧渔业，文化、体育和娱乐业，采矿业，交通运输、仓储和邮政业，信息传输计算机服务和软件业，电力、燃气及水的生产和供应业，水利、环境和公共设施管理业，以及房地产业共9个，则属于资金密集型行业。

表 3.8 各行业人均资金占有量及排序

序号	行业	人均资金（万元）
1	金融业	0.415 3
2	批发和零售业	0.479 5
3	居民服务和其他服务业	0.552 6
4	建筑业	0.861 2
5	租赁和商务服务业	1.162 1
6	住宿和餐饮业	1.248 2
7	卫生、社会保障和社会福利业	1.513 3
8	教育业	1.518 6
9	科学研究、技术服务和地质勘查业	2.197 5
10	公共管理和社会组织	2.411 6
	全部行业	4.954 8
11	制造业	5.523 8
12	农林牧渔业	7.066 0
13	文化、体育和娱乐业	8.750 4
14	采矿业	9.272 0
15	交通运输、仓储和邮政业	11.627 9
16	信息传输计算机服务和软件业	13.005 6
17	电力、燃气及水的生产和供应业	28.025 6
18	水利、环境和公共设施管理业	46.224 3
19	房地产业	172.819 3

数据来源：根据中国统计年鉴 2005—2009 中的相关数据计算得出。

表 3.9 给出了城市规模对劳动密集型行业和资金密集型行业城镇居民名义收入的影响。结果显示，无论是 OLS 估计，还是工具变量估计，城市规模变量的回归系数都显著为正。这说明城市规模对劳动密集型行业和资金密集型行业城镇居民的名义收入，都具有显著的正向影响。城市规模变量的估计系数值进一步显示，城市规模对劳动密集型行业城镇居民名义收入的促进作用，大于对资金密集型行业城镇居民名义收入的促进作用，这一结论和前一部分的结论是一致的。劳动密集型行业对于从业人员的技能

要求相对要低一些。由于人口和经济活动的集聚,为低技能水平的居民带来了更多的市场需求和机会,这也从更大程度上促使具有低技能的劳动密集型行业的城镇居民名义收入的增加。相对而言,城市规模对于技能水平较高的资金密集型行业的城镇居民的名义收入的促进作用要小一些。

表 3.9 城市规模对劳动密集和资金密集行业城镇居民名义收入的影响

	OLS 估计		2SLS 估计	
	劳动密集型行业	资金密集型行业	劳动密集型行业	资金密集型行业
城市规模	3.9301***	3.5481**	3.9167***	3.3881***
	(1.3665)	(1.4731)	(0.7753)	(0.7513)
个人特征	控制	控制	控制	控制
城市特征	控制	控制	控制	控制
R^2	0.4005	0.3341	0.3958	0.3286
F 值			124.74	53.8
观测值	4182	2826	4182	2826

注:***、**、*分别表示在 1%、5%和 10%的显著性水平上显著;括号里的数值是稳健性标准差。

表 3.10 给出了城市规模对劳动密集型行业和资金密集型行业城镇居民实际收入的影响。结果显示,OLS 估计和工具变量估计中,城市规模变量的回归系数都显著为正。这说明城市规模对劳动密集型行业和资金密集型行业城镇居民实际收入的增长,都具有显著的拉动和促进作用。城市规模变量的估计系数值进一步显示,城市规模对劳动密集型行业城镇居民实际收入的拉动和促进作用,显著大于对资金密集型行业城镇居民实际收入的拉动和促进作用。究其原因,是资金密集型行业对从业人员的技能要求,相对于劳动密集型行业要高一些,对劳动力的需求量也相对更为稳定。人口和经济活动的集聚,首先大幅度增加的是对低技能水平商品、劳务和劳动力的需求量,从而引起劳动密集型行业城镇居民实际收入较大幅度的增加。而资金密集型行业城镇居民收入的提高,主要来源于高技能水平者更专业化的从事技能水平要求高的工作,从而带来的资金密集型行业劳动生产率的提高。回归结果显示,高技能者专门化从事技能水平要求高的工作,所带来的收入的提高幅度,比劳动密集型行业城镇居民实际收入的增长幅度要小一些。

表 3.10　城市规模对劳动密集和资金密集行业城镇居民实际收入的影响

	OLS 估计		2SLS 估计	
	劳动密集型行业	资金密集型行业	劳动密集型行业	资金密集型行业
城市规模	4.0729***	3.6904**	4.0348***	3.5144***
	(1.3586)	(1.4645)	(0.7747)	(0.7509)
个人特征	控制	控制	控制	控制
城市特征	控制	控制	控制	控制
R^2	0.4011	0.3355	0.3960	0.3296
F 值			124.95	54.16
观测值	4182	2826	4182	2826

注：***、**、*分别表示在 1%、5%和 10%的显著性水平上显著；括号里的数值是稳健性标准差。

总之，人口和经济活动的集聚，对劳动密集型行业和资金密集型行业城镇居民收入的增长，都具有显著的促进作用。并且，相对而言，城市规模对于劳动密集型行业城镇居民收入的促进作用要大一些。这一结果也进一步说明，相对于资金密集型行业而言，劳动密集型行业城镇居民从人口和经济集聚中获益更大。

3.4.2.2　按垄断程度分组

根据最新的行业分类标准《国民经济行业分类》(GB/T4754—2012)，并借鉴彭树宏（2012）的研究[1]，我们选取电力、燃气及水的生产和供应业，交通运输、仓储和邮政业，金融业，房地产业，信息传输计算机服务和软件业，文化、体育和娱乐业，卫生、社会保障和社会福利业，教育业，采矿业，以及建筑业共 10 个行业为垄断程度较高行业；选取农林牧渔业，制

---

[1] 彭树宏（2012）在他的研究中，将电力、燃气供应业，交通运输、仓储、邮政和通信业，金融保险，房地产，社会服务，健康、体育与社会福利活动，教育业、文化、艺术和传媒为垄断行业；选取农林牧渔、制造业和批发零售贸易服务业为非垄断行业。由于行业分类标准的改变，剩余的科学研究与技术支持，公共行政管理与社团组织、地质勘查、水资源管理，采掘业，建筑业等五类行业不纳入分析，原因是科学研究与技术支持，公共行政管理与社团组织，地质勘查、水资源管理这三类行业属于非市场活动的公共部门范畴；采掘业和建筑业排除在外是因为这两类行业的工作环境较艰苦和危险，工资中包含有补偿性工资成分，无法使用当时的数据在回归中控制这一因素的影响。

造业，批发和零售业，住宿和餐饮业，租赁和商务服务业，以及居民服务和其他服务业共 6 个行业为垄断程度较低行业。最新行业分类标准《国民经济行业分类》（GB/T4754—2012）中，剩余的科学研究、技术服务和地质勘查业，公共管理和社会组织，以及水利、环境和公共设施管理业共 3 个行业，我们不纳入分类中，原因是这三类行业属于公共部门范畴，其活动并没有进入市场，即这三类行业从事的活动是非市场活动。

表 3.11 和表 3.12 给出了城市规模对垄断程度较高行业和垄断程度较低行业城镇居民收入增长的影响。结果显示，无论是 OSL 估计还是工具变量估计，城市规模变量的回归系数都显著为正。这说明，城市人口规模对垄断程度较高行业和垄断程度较低行业城镇居民收入的增长都具有显著的正向影响。

表 3.11 城市规模对不同垄断程度行业城镇居民名义收入的影响

	OLS 估计		2SLS 估计	
	垄断程度较高	垄断程度较低	垄断程度较高	垄断程度较低
城市规模	3.8167**	3.5481*	3.7698***	2.4187***
	（1.4321）	（1.5118）	（0.9380）	（0.7147）
个人特征	控制	控制	控制	控制
城市特征	控制	控制	控制	控制
R^2	0.3239	0.3788	0.3164	0.3748
F 值			44.05	99.43
观测值	2727	3462	2727	3462

注：***、**、*分别表示在 1%、5%和 10%的显著性水平上显著；括号里的数值是稳健性标准差。（下同）

表 3.12 城市规模对不同垄断程度行业城镇居民实际收入的影响

	OLS 估计		2SLS 估计	
	垄断程度较高	垄断程度较低	垄断程度较高	垄断程度较低
城市规模	3.9506**	3.1372*	3.8780***	2.5435***
	（1.4273）	（1.5052）	（0.9369）	（0.7143）
个人特征	控制	控制	控制	控制
城市特征	控制	控制	控制	控制
R^2	0.3250	0.3797	0.3170	0.3753
F 值			44.65	99.95
观测值	2727	3462	2727	3462

在以城镇居民名义收入为被解释变量的回归中（见表3.11），在控制了个人特征和城市特征的情况下，城市规模变量回归系数都显著为正，说明城市规模对垄断程度较高行业和垄断程度较低行业城镇居民名义收入的增长，都具有显著的促进作用。城市规模变量的回归系数值进一步说明，城市规模对垄断程度较高行业城镇居民名义收入增长的促进作用，要大于对垄断程度较低行业城镇居民名义收入增长的促进作用。其原因可能是：一方面，在我国当前状况下，市场上垄断程度较高行业提供的商品和劳务大多数都是关系到国计民生或是居民生活所不可或缺的，随着人口和经济的聚集，对该类商品和劳务的需求也将随之增加，从而使均衡价格上涨，该行业城镇居民的收入也相应增长；另一方面，从行业特点看，由于垄断程度较高行业存在进入壁垒，其竞争性较弱，随着人口的集聚和市场需求的扩张，垄断程度较高行业的经济利润也将增加，从而引起垄断程度较高行业垄断利润的增加，以及该行业城镇居民名义收入的提升。

在以城镇居民实际收入为被解释变量的回归中（见表3.12），在控制了个人特征和城市特征的情况下，城市规模变量估计系数也都显著为正，说明城市规模对垄断程度较高行业和垄断程度较低行业城镇居民实际收入的增长，都具有促进和拉动作用。城市规模变量的估计系数值进一步显示，城市规模对垄断程度较高行业城镇居民实际收入增长的拉动作用，要大于对垄断程度较低行业的拉动作用。其原因可能是：一方面，随着人口和经济活动的集聚，商品和劳务市场，以及生产要素市场的市场需求量都将提高，从而引起需求曲线向外平移，市场均衡价格上涨，均衡数量增加，行业利润增加，城镇居民的实际收入水平提高；另一方面，相对于垄断程度较高行业而言，垄断程度较低行业的竞争性更强，随着市场需求量的增加，会有更多的商品、劳务、生产要素加入供给的行列，从而引起供给曲线的向右平移，使均衡价格下降，行业利润下降，城镇居民的实际收入也相应降低。回归结果显示，从总体而言，由人口和经济活动集聚引起的，对垄断程度较低行业城镇居民实际收入的正向拉动作用，占据着主导地位，但由于这种正向影响和作用受到了来自市场竞争力量的部分抵消，因此城市规模对垄断程度较低行业城镇居民实际收入增长的拉动作用，要小于对垄断程度较高行业城镇居民实际收入增长的拉动作用。

综上所述，城市规模对垄断程度较高行业和垄断程度较低行业城镇居民名义收入和实际收入的增长，都具有显著的拉动和促进作用。由于市场竞争力量的存在，城市规模对垄断程度较低行业城镇居民名义收入和实际收入增长的拉动作用，要小于对垄断程度较高行业城镇居民名义收入和实际收入增长的拉动作用，即与垄断程度较低行业相比，垄断程度较高行业城镇居民从人口和经济活动集聚中获益更大。

3.4.2.3 按行业的贸易开放度分组

不可贸易品部门是现代经济的一个重要组成部分（陆铭等，2012）。然而由于某种原因，可贸易品部门中某产业对劳动力的需求量增加，这种冲击将会增加该产业的就业和工资水平[1]，进而提高城市的总收入。而总收入水平的提高则会进一步带来对不可贸易品需求量的增加，从而更大程度上增加不可贸易部门的就业数量，提高居民的收入水平。而城市规模的集聚效应，就是引起可贸易品部门对劳动力需求量增加的一个原因。鉴于此，可以考虑从行业的贸易开放度，来考察城市规模对这两个部门或两类行业城镇居民收入增长的影响。

依据我国最新的国民经济行业分类标准《国民经济行业分类》（GB/T4754—2012），并按照所生产的商品或提供的服务的贸易开放度，我们可以将全部行业分为可贸易品行业和不可贸易品行业。其中，可贸易品行业或部门包括农林牧渔业，制造业，信息传输计算机服务和软件业，电力、燃气及水的生产和供应业，批发和零售业，租赁和商务服务业，交通运输、仓储和邮政业，文化、体育和娱乐业共8个行业；不可贸易品行业或部门包括采矿业，建筑业，住宿和餐饮业，房地产业，金融业，居民服务和其他服务业，教育业，卫生、社会保障和社会福利业共7个行业；而剩余的3个行业——科学研究、技术服务和地质勘查业，公共管理和社会组织，水利、环境和公共设施管理业，由于其提供的服务不进入市场交易，因此，我们不把它们纳入该部分的研究范围。

表3.13给出了城市规模对可贸易品行业和不可贸易品行业，城镇居民名义收入增长的影响。回归结果显示，城市规模变量的估计系数，无论是在OLS估计还是在工具变量估计中，都显著为正，说明城市规模对可贸易品行业和不可贸易品行业城镇居民名义收入的增长，都具有显著的正向影响。这可能是因为：一方面，人口和经济活动的集聚，引起知识和技术外溢，提高了可贸易品部门和行业的劳动生产率，导致就业数量和均衡工资的增加，从而提高了城镇居民的名义收入；另一方面，人口的集聚引致对

---

[1] 陆铭，高虹，佐藤宏. 城市规模与包容性就业[J]. 中国社会科学. 2012, 10.

不可贸易品的需求量增加，刺激了不可贸易品的生产，为劳动者带来更多的就业机会，从而提高了城镇居民的名义收入。城市规模变量的估计系数值进一步显示，城市规模对不可贸易品行业城镇居民名义收入增长的促进作用，大于对可贸易品行业城镇居民名义收入增长的促进作用。这可能是因为可贸易品行业的贸易开放度较高，该类行业生产的商品或提供的服务可以在区域间自由流动；而不可贸易品行业的开放度较低，该类行业生产的商品或提供的服务基本不存在外来的竞争压力。因此，可贸易品行业的竞争性，要高于不可贸易品行业的竞争力度。由于行业竞争程度不同，因而会导致，由人口和经济集聚所带来的市场需求引起的可贸易品的价格增长幅度，要小于不可贸易品的价格增长幅度，从而使得不可贸易品行业城镇居民名义收入的增长幅度，大于可贸易品行业城镇居民名义收入的增长幅度。

表 3.13 城市规模对不同贸易开放度行业城镇居民名义收入的影响

	OLS 估计		2SLS 估计	
	可贸易品行业	不可贸易品行业	可贸易品行业	不可贸易品行业
城市规模	3.0732*	4.7513***	2.7494***	4.7164***
	(1.5095)	(1.4213)	(0.6861)	(0.9920)
个人特征	控制	控制	控制	控制
城市特征	控制	控制	控制	控制
R^2	0.3513	0.4322	0.3471	0.4244
F 值			83.31	90.11
观测值	3772	2417	3772	2417

注：***、**、*分别表示在 1%、5%和 10%的显著性水平上显著；括号里的数值是稳健性标准差。（下同）

表 3.14 给出了城市规模对可贸易品行业和不可贸易品行业，城镇居民实际收入增长的影响。回归结果显示，OLS 估计和工具变量估计中，城市规模变量的估计系数都显著为正，说明城市规模对可贸易品行业和不可贸易品行业城镇居民实际收入的增长，都具有显著的拉动作用。城市规模变量的估计系数值进一步显示，城市规模对不可贸易品行业城镇居民实际收入增长的拉动作用，大于对可贸易品部门城镇居民实际收入增长的拉动作用。造成这一结果可能存在的原因与上一部分相似。

表 3.14 城市规模对不同贸易开放度行业城镇居民名义收入的影响

	OLS 估计		2SLS 估计	
	可贸易品行业	不可贸易品行业	可贸易品行业	不可贸易品行业
城市规模	3.2136**	4.8935***	2.8758***	4.8244***
	(1.4321)	(1.4137)	(0.6858)	(0.9905)
个人特征	控制	控制	控制	控制
城市特征	控制	控制	控制	控制
R^2	0.3523	0.4329	0.3477	0.4246
F 值			83.78	90.09
观测值	3772	2417	3772	2417

总之,城市规模对不可贸易品行业和可贸易品行业城镇居民的名义收入和实际收入增长,都具有显著的正向拉动作用,且由于可贸易品行业的开放度和竞争性都较大,因而,不可贸易品部门或行业的城镇居民,从人口和经济活动集聚中得到的收益更大。

3.4.3 对不同产业城镇居民收入的影响

根据国民经济行业分类标准《国民经济行业分类》(GB/T4754-2012)和国家统计局对三次产业的划分,第一产业即为农林牧渔业;第二产业包括采矿业,制造业,电力、燃气及水的生产和供应业,建筑业;第三产业为除了第一、第二产业的其他行业,包括交通运输、仓储和邮政业,金融业,房地产业,信息传输计算机服务和软件业,文化、体育和娱乐业,卫生、社会保障和社会福利业,教育业,批发和零售业,住宿和餐饮业,租赁和商务服务业,居民服务和其他服务业,科学研究、技术服务和地质勘查业,公共管理和社会组织,水利、环境和公共设施管理业。

本部分从产业的角度,考察城市规模对不同产业城镇居民收入增长的影响。表 3.15 给出了城市规模对不同产业城镇居民名义收入增长的影响。结果显示,城市规模变量的估计系数都显著为正,说明城市规模对不同产业城镇居民名义收入的增长,都具有显著的正向影响。城市规模变量的回归系数值进一步显示,城市人口规模对第二产业城镇居民名义收入增长的拉动作用最大,对第一产业城镇居民名义收入增长的拉动作用最小,对第三产业城镇居民名义收入增长的拉动作用居中。

表 3.15 城市规模对不同产业城镇居民名义收入的影响

	OLS 估计			2SLS 估计		
	第一产业	第二产业	第三产业	第一产业	第二产业	第三产业
城市规模	0.6130**	3.6943**	4.2771***	0.5192*	4.3599***	4.1836***
	(0.2521)	(1.6174)	(1.2945)	(0.2965)	(0.9249)	(0.6714)
个人特征	控制	控制	控制	控制	控制	控制
城市特征	控制	控制	控制	控制	控制	控制
R^2	0.7153	0.3420	0.3835	0.7109	0.3399	0.3773
观测值	52	1771	5185	52	1771	5185

注：***、**、*分别表示在 1%、5%和 10%的显著性水平上显著；括号里的数值是稳健性标准差。（下同）

表 3.16 给出了城市规模对不同产业城镇居民实际收入增长的影响。回归结果显示，城市规模变量的估计系数都显著为正，说明城市规模对不同产业城镇居民实际收入的增长，都具有显著的拉动作用。同样，城市规模变量的回归系数值进一步显示，城市规模对第二产业城镇居民实际收入增长的拉动作用最大，对第一产业城镇居民实际收入增长的拉动作用最小，对第三产业城镇居民实际收入增长的拉动作用居中。

表 3.16 城市规模对不同产业城镇居民实际收入的影响

	OLS 估计			2SLS 估计		
	第一产业	第二产业	第三产业	第一产业	第二产业	第三产业
城市规模	0.6242**	3.8419**	4.4152***	0.5362*	4.4814***	4.3008***
	(0.2505)	(1.6073)	(1.2874)	(0.2962)	(0.9249)	(0.6709)
个人特征	控制	控制	控制	控制	控制	控制
城市特征	控制	控制	控制	控制	控制	控制
R^2	0.7163	0.3438	0.3840	0.7119	0.3412	0.3774
观测值	52	1771	5185	52	1771	5185

总之，人口和经济活动的集聚，对第一产业、第二产业和第三产业城镇居民的收入增长，都具有显著的促进作用。随着人口和经济活动的集聚，第二产业城镇居民收入的增长幅度最大，其次是第三产业城镇居民，增长幅度最小的是第一产业的城镇居民。这进一步说明，第二产业城镇居民从人口和经济集聚中获益最大，其次是第三产业城镇居民，第一产业城镇居民从人口和经济集聚中获益最小。

3.4.4 对城镇居民内部收入差距的影响

3.4.4.1 分位数回归[1]

回归分析的目的在于研究和揭示因变量和自变量之间的关系，回归模型法的核心思想则是模型化和拟合条件均值函数[2]。在理想条件下，条件均值模型可以提供关于自变量和因变量分布关系的完整的和参数的描述，且通过不同方式的推广，对于特定的自变量，因变量条件均值和条件单位的模型化可以同时进行，因此被广泛应用于社会科学当中。但当方差齐次性假设被违反，仅仅对集中趋势的关注会引起对因变量分布的有用信息的忽视，条件均值模型并不能轻易地扩展到社会科学研究关注的非中心位置，此种情况下，替代条件均值模型的中位数回归和分位数回归便应运而生。

中位数是一个特殊的分位数，表示的是一种分布的中心位置，因此，中位数回归可以作为分位数回归的一种特殊情况：最小一乘回归，而分位数回归则可以看作中位数回归的推广和一般化，它用几个分位函数来估计整体模型，用对称权重解决残差最小化问题，这也是对以条件均值模型为基础的最小二乘法的延伸。

分位数回归的思想起源于一位数学家、物理学家和哲学家：Rudjer Josip Boscovich（1760 年），它被称为条件中位数模型，它是用最小绝对距离估计来代替最小二乘估计，以解决集中趋势测量方法的选择问题。1978 年，Koenker 和 Bassett 将条件分位数模型化为预测变量的函数，首次提出了比中位数回归更为一般化的模型：分位数回归模型。分位数回归模型估计了协变量潜在的微小变化对条件分布中各种不同的分位数的影响，并顾及到了异方差性。20 世纪 90 年代分位数回归模型开始被广泛应用于社会科学研究当中，并迅速普及。分位数回归模型是线性回归模型的自然扩展，即随着协变量的变化，线性回归模型描述了因变量条件均值的变化，而分位数回归模型则强调了条件分位数的变化[3]，由于所有的分位数都可用，所以对任何预先决定的分布位置进行建模都将变为可能。

---

[1] Lingxin Hao&Daniel Q. Naiman 著. 分位数回归模型. 肖东亮译. 上海：上海人民出版社，2012，7：40-41.

[2] 李补喜，申京苑. 基于分位数回归的审计费用影响因素研究[J]. 会计之友. 2014，03.

[3] 郭小弦，张顺. 中国城市居民教育收益率的变动趋势及其收入分配效应——基于分位数回归模型的分析[J]. 复旦教育论坛. 2014，05.

根据 Koenker 和 Bassett 的设定，若标准线性回归模型表示为：

$$y_i = \beta_0 + \beta_1 x_i + \varepsilon_i$$

则相对应的分位数回归模型可以表示为：

$$y_i = \beta_0^{(p)} + \beta_1^{(p)} x_i^{(p)} + \varepsilon_i^{(p)}$$

其中，0<p<1，表示数值小于第 p 分位数的比例，且在特定 x_i 值下的第 p 条件分位数[1]为

$$Q^{(p)}\left(y_i | x_i\right) = \beta_0^{(p)} + \beta_1^{(p)} x_i$$

这样，第 p 条件分位数就由特定分位数下的参数 $\beta_0^{(p)} + \beta_1^{(p)}$ 和协变量 x_i 的特定值决定。Koenker 和 Bassett 设定的分位数回归模型就是这种多个条件分位数的表示形式，即可以根据因变量的条件分位数对自变量进行回归，从而得到所有分位数条件下的回归模型[2]。其目的是运用偏差绝对值最小（LAD）估计，来解释因变量在不同分位点上的回归参数的差异，本质是通过分位数取 0 与 1 之间的任何值，来调节相应回归平面的转向和位置，并用自变量估计不同分位点上对应的因变量的变化。因此，分位数回归分析能够在一定程度上刻画和代表所有数据的信息及特征，既包含均值附近的数据信息，又包含尾部数据信息，尤其便于研究特定区域的数据如中位数、极端位置值等的数据[3]。分位数回归的思想如图 3.1 所示：

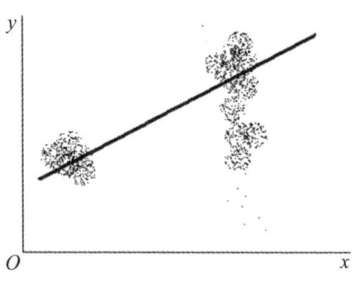

图 3.1　分位数回归的思想

1　Lingxin Hao&Daniel Q. Naiman 著. 分位数回归模型. 肖东亮译. 上海：上海人民出版社，2012，7.

2　陈建宝，丁军军. 分位数回归技术综述[J]. 统计与信息论坛. 2008，03；李红梅. 居民收入的分位数回归与反事实因素分解. 首都经济贸易大学博士论文. 2012，03.

3　苏瑜，万宇艳. 分位数回归的思想与简单应用[J]. 统计教育. 2009，10；李红梅. 居民收入的分位数回归与反事实因素分解. 首都经济贸易大学博士论文. 2012，03.

由于分位数的取值受异常值或密度函数重尾分布的影响[1],在实际应用中,如果数据的分布密度函数是偏态的或者无法有效消除数据中的异常值点,那么,运用分位数回归方法则更为有效。与一般线性回归相比,分位数回归方法具有以下优点:

(1) 假设条件的约束宽松。

尽管分位数回归有时表现为参数形式,但它的估计方法基本还是非参数的方法。与一般的线性回归模型需要一系列较强的假设条件相比,分位数回归的假设条件相对较宽松,甚至对随机项不需要作任何形式的假设[1]。假设条件的放松,使得分位数回归对社会经济现象的解释可能与现实情况更为接近,尤其是在随机误差项呈现非正态分布的条件下,分位数回归比普通最小二乘回归具有更高的效率[1],回归结果也更为有效。

(2) 参数估计的稳健性。

由于在一般的线性回归中,条件均值的变化极容易受到数据异质性的影响,因此,为了保证均值回归效果不受影响,通常的做法是剔除异质点[1]。但这种做法对于研究高度偏态分布的社会经济现象时会造成回归结果的失效,因为,高度偏态分布中异质点的剔除,对数据分析结果将会产生重要影响。分位数回归则弥补了这一缺憾,显示出其稳健性的优势。由于分位数回归考察的是因变量的某个特定分位数的变化,因而更加能够代表某一特定区域的数据信息和特征,所以分位数回归不易受到数据异质性的影响[1],或者说异质点的影响在分位数回归估计中是非常有限的。比如,存在明显的离群点时,用中位数度量位置参数结果仍然有效。关于分位数回归的这一特性,胡宏昌(2004)等学者的研究已给予了证明。

(3) 全面性。

分位数回归能够代表所有数据的信息,可以更加全面地刻画变量的分布特征。与普通最小二乘回归只能刻画和描述自变量 x 对因变量 y 条件均值变化的影响不同,分位数回归既可以描述均值附近分布函数的变化,又能够捕捉和表示分布函数的尾部信息和特征,尤其是当自变量 x 对因变量 y 分布的同部分的影响程度不同时[2]。

---

1 李红梅. 居民收入的分位数回归与反事实因素分解. 首都经济贸易大学博士论文. 2012, 03.
2 陈建宝,丁军军. 分位数回归技术综述[J]. 统计与信息论坛. 2008, 03;李红梅. 居民收入的分位数回归与反事实因素分解. 首都经济贸易大学博士论文, 2012.

(4)渐近优良性。

当样本量足够大时(满足大样本条件),分位数回归参数的估计便具有渐近优良的特点和性质[1]。对于这一点,叶阿忠(2006)、岳小云(2007)、卢静(2008)、赵越(2010)、黎运发(2011)、Zongwu Cai(2012)等学者的研究都在一定程度上给予了论证和说明。

(5)单调变化性。

对于因变量而言,分位数回归具有单调变化的特性[1]。对于单调的线性转换,一般的条件均值的线性回归,以及绝对形式的因变量的条件均值都可以从线性条件均值中获得。但对于非线性转换,绝对形式的因变量的条件均值是不可能从其条件均值中获得的,而分位数回归则不存在这个限制[1],即对于非线性转换,绝对形式的因变量的条件分位数仍然可以从其分位数中获得。分位数回归的这个特性为更好地解释方程和研究社会经济现象提供了方便。

3.4.4.2 城市规模对不同收入水平居民收入的影响

"效率优先,兼顾公平"的分配制度已经被绝大多数人认同和接受,而"公平"问题的重要体现就是居民收入差距的缩小问题,也就是说,城镇居民内部收入差距的缩小问题就是其中一个很重要的组成部分。纵观学者们的研究,得出的结论基本都是:我国城镇居民收入差距在一定程度上不断扩大(国务院研究室课题组,1997;陈钊和陆铭,2001;国家计委宏观经济研究院课题组,2001;陈宗胜和周云波,2001、2002;吴得民2002;杨天宇,2005;王小鲁,2007;陈斌开、杨依山和许伟,2009;马草原、李运达和宋树仁,2010;毛雁冰和张恒龙,2014)。其原因主要表现为:体制改革因素(国务院研究室课题组,1997;陈宗胜和周云波,2001、2002)和制度缺陷(吴得民,2002),行业结构及变动以及所有制和文化水平(陈宗胜和周云波,2002;马草原、李运达和宋树仁,2010),产业结构变迁和技术进步(陈斌开、杨依山和许伟,2009),由教育收益率的提高带来的人力资本收益率的提高(陈钊和陆铭,2001;陈斌开、杨依山和许伟,2009),非法收入(国务院研究室课题组,1997;吴得民,2002)和灰色收入(国务院研究室课题组,1997;王小鲁,2007),城镇贫困群体扩大和税收对收

---

1 李红梅.居民收入的分位数回归与反事实因素分解.首都经济贸易大学博士论文.2012,03.

入差距的调节力度不足（国务院研究室课题组，1997），等等。

此外，城市化也是城镇居民内部收入差距不断扩大的一个重要原因。随着城市化率的提高，城市居民收入的差距出现了不断扩大的现象（毛雁冰和张恒龙，2014），即城市化扩大了城镇居民内部的收入差距（李实，1997；杨天宇，2005），并且，城市人口规模的进一步扩张对城镇居民收入差距具有重要的推高效应（范红忠等，2013）。其影响机制主要表现在以下几个方面：

（1）随着城市化和工业化的发展，一方面引起了对拥有现代技能和知识的劳动力的强大需求，而对非技术工人的需求则相对有限，从而使技术人员工资水平得以提高，而非技术人员的工资水平则被压低[1]；另一方面，进入城市劳动力市场的绝大多数农村劳动力都是非技术性的，他们的不断进入意味着城市劳动力市场中非技术劳动力供给的大量增加[1]，引起其均衡工资的下降，因此，城市化拉大了技术职工与非技术职工的工资差异，从而扩大了城镇居民内部的收入差距[1]（李实，1997；杨天宇，2005；甘春华，2010）。

（2）农村劳动力向城市迁移，还有可能对城市非技术劳动力的就业产生替代效应，导致城市失业率上升，从而扩大城镇居民内部的收入差距[1]（赵人伟和李实，1999；杨天宇，2005）。

（3）在城市化过程中，进城农民工由于人力资本、户籍制度等方面的限制，难以进入城市正规部门，只能进入城市非正规部门就业[1]，因此，我国的城市化就主要体现为农民从农村向城市非正规部门的流动，而由于人力资本的差距和政府以户籍为基础的政策倾斜，使得非正规部门劳动力的收入要低于正规部门[1]，并且，我国非正规部门比重有限，因此，目前我国仍处于城市化导致城市内部收入差距单调上升的阶段[1]。

（4）在我国现有劳动力市场条件下，由于农民工的工资与其打工所在城市的房价无关，农民工对城市居民中普通劳动力工资的拉平作用，导致城市居民中普通劳动力的名义工资与城市房价脱钩，最终的结果是城市规模越大，城市房价越高，居民收入差距越大[2]。

本部分我们将利用分位数回归方法，通过考察城市规模变量对不同收

---

1 杨天宇. 城市化对我国城市内部居民收入差距的影响研究[J]. 中国人民大学学报. 2005, 04.

2 范红忠, 张婷, 李名良. 城市规模、房价与居民收入差距[J]. 当代财经. 2013, 12.

入组城镇居民名义收入和实际收入增长的影响，来判断城市规模对城镇居民内部收入差距的影响。具体做法是：首先选择分位点对城镇居民样本按照收入水平分组，我们选择 10 分位点、30 分位点、50 分位点、70 分位点和 90 分位点将总体样本分为五个组，五个分位点分别对应的是：低收入组、较低收入组、中等收入组、较高收入组和高收入组；然后，分别以城镇居民名义收入和实际收入为被解释变量，用分位数回归方法对不同分位点样本进行回归估计，得到城市规模变量对不同分位点（或收入组）城镇居民样本名义收入和实际收入的影响系数。

表 3.17 给出了城市规模对不同收入组城镇居民名义收入增长的影响。回归结果显示，城市规模变量对低收入组、较低收入组和中等收入组的估计系数都显著为正，说明城市规模对低收入组、较低收入组和中等收入组城镇居民名义收入的增长，都具有显著的正向影响。城市规模变量对较高收入组和高收入组的估计系数没有通过显著性检验，说明城市规模对较高收入组和高收入组城镇居民名义收入的增长不具有显著影响。城市规模变量的回归系数值进一步显示，城市规模对低收入组城镇居民名义收入增长的拉动作用最大，并且随着收入水平的不断提高，人口和经济活动的集聚对城镇居民名义收入增长的影响逐渐降低，即收入水平越高，城市规模对城镇居民名义收入增长的拉动作用就越小。这一结果进一步说明，人口和经济活动的集聚可以缩小城镇居民内部名义收入的差距。

表 3.17　城市规模对不同收入组城镇居民名义收入的影响

	低收入组	较低收入组	中等收入组	较高收入组	高收入组
城市规模	0.0896***	0.0594**	0.0509*	0.0356	0.0377
	（0.0325）	（0.0270）	（0.0286）	（0.0254）	（0.0387）
个人特征	控制	控制	控制	控制	控制
城市特征	控制	控制	控制	控制	控制
Pseudo R^2	0.2703	0.2451	0.2158	0.1933	0.1556
观测值	7008	7008	7008	7008	7008

注：***、**、*分别表示在 1%、5%和 10%的显著性水平上显著；括号里的数值是稳健性标准差。（下同）

表 3.18 给出了城市规模对不同收入组城镇居民实际收入增长的影响。结果显示，城市规模变量对低收入组、较低收入组、中等收入组和较高收入组的估计系数都显著为正，说明城市规模对低收入组、较低收入组、中

等收入组和较高收入组城镇居民的实际收入,都具有显著的正向拉动作用。城市规模变量对高收入组的估计系数没有通过显著性检验,说明城市规模对高收入组城镇居民实际收入的增长,不具有显著影响,即城市规模对高收入组城镇居民实际收入的增长不具有显著的拉动作用。城市规模变量的回归系数值显示,城市规模对低收入组城镇居民实际收入增长的拉动作用最大,对较高收入组城镇居民实际收入增长的拉动作用最小。并且,随着收入水平的不断提高,人口和经济活动集聚对城镇居民实际收入增长的影响程度逐渐降低,城市规模对低收入组城镇居民实际收入增长的拉动作用,始终大于对较高收入组和高收入组(不具有显著的拉动作用)的拉动作用。这一结果也可进一步说明,人口和经济集聚可以缩小城镇居民内部实际收入的差距。

表 3.18　城市规模对城镇居民不同收入组实际收入的影响

	低收入组	较低收入组	中等收入组	较高收入组	高收入组
城市规模	0.0893***	0.0642***	0.0567**	0.0412*	0.0507
	(0.0333)	(0.0246)	(0.0287)	(0.0248)	(0.0373)
个人特征	控制	控制	控制	控制	控制
城市特征	控制	控制	控制	控制	控制
Pseudo R^2	0.2710	0.2452	0.2163	0.1934	0.1556
观测值	7008	7008	7008	7008	7008

总之,实证研究结果表明:城镇居民内部收入差距的不断扩大不是城市化的必然结果,并且,城市人口规模对城镇居民内部收入差距并不具有推高效应,相反的,人口和经济活动向城镇的进一步集聚,将会缩小城镇居民内部的收入差距。

4 城市规模对城镇居民收入增长的影响机制分析

4.1 就业机制

工薪收入是城镇居民收入最普遍和重要的组成部分，就业是获得工薪收入的主要途径，而城市发展的规模经济效应则有利于提高劳动力个人的就业概率[1]。因此，本部分将重点研究城市规模如何通过影响就业从而影响城镇居民收入的增长。

借鉴陆铭等[2]的研究，设定个人层面的就业方程为：

$$Prob(employed_{ij}=1) = \theta[\alpha_0 + \alpha_1 \ln(population_{jt}) + \lambda X_{ij} + \gamma M_{jt} + \mu] \quad (4.1)$$

该就业方程为一个 Probit 模型，假定城镇居民的就业概率由方程（4.1）决定，方程中的下标 i 和 j 表示居住在 j 城镇的个人 i，t 表示年份。方程（4.1）中的被解释变量为就业哑变量。而解释变量中，核心变量为城市规模，用 2004 年至 2008 年年末城市辖区平均总人口的自然对数来衡量。X 和 M 分别是可能影响城镇居民就业概率的个人特征向量和城市特征向量。

可能影响城镇居民就业概率的个人特征向量 X 中，本研究纳入的主要变量有：性别变量 Male、年龄 Age 及其平方 Age^2、民族变量 Han、健康变量 Health、是否有配偶变量 Spouse 和受教育程度变量 Education。

可能影响城镇居民收入水平和就业概率的城市特征向量 M 中，本研究纳入的变量主要有：核心变量人口规模变量 Population、行业变量 Industry、失业率变量 Unemployment Rate、产业结构变量、固定资产投资变量 Investment、外商直接投资变量 FDI、城市道路变量 Road、公共交通变量 Public Transport、病床变量 Sickbed 和绿化率变量 Rate of Afforest。

---

[1] 陆铭，高虹，佐藤宏. 城市规模与包容性就业[J]. 中国社会科学. 2012, 12.
[2] 陆铭等将影响就业概率的因素从个人层面扩展到了城市层面，并利用 CHIP2002 和 2007 的统计数据考察了城市规模与就业概率的关系，所用的就业方程形式为：$Prob(employed_{ij}=1)=\Phi(\beta'X_{ij}+\pi_1 scale_j+\alpha'city_j)$.

其中，失业率变量以城镇登记失业率（%）来衡量。城镇登记失业率等于城镇登记失业人数与从业人员数和登记失业人数之和的比值，其中从业人员数又包括两部分：一是单位从业人员数，二是私营和个体从业人员数；之所以将产业结构指标纳入进来，是因为不同的产业对劳动力的吸纳能力和吸引力也不同，从而可能影响就业概率；而固定资产投资和外商直接投资的增长将会增加对劳动力的需求，从而带动劳动力需求曲线向右平移，增加城镇居民的就业概率；将城市道路基础设施建设和交通状况作为影响城镇居民就业的因素，是因为城市道路基础设施建设和交通状况可以通过影响人与人之间的信息传递效率从而影响劳动力市场的匹配效率和居民的就业概率；病床变量和绿化率变量同样是用来衡量各城市生活福利水平的变量，不同的城市福利水平，给居民带来的效用水平不同，从而对外来人口的吸引力也不同，一般而言，生活福利水平高的城市更容易吸引外来人口的流入，从而引起城市规模的扩张。同收入决定方程一样，就业方程在城市特征向量中也纳入了直辖市和省会城市哑变量，这是因为对于直辖市和省会城市而言，它们在对待劳动力的政策和制度方面可能与其他地级市存在明显差异，进而会对居民的就业概率带来影响。

就业方程中，无论是个人特征变量还是城市特征变量，其含义和收入方程中的解释变量相同，在此不再重复。但需要指出的是，就业方程中没有纳入城镇居民的工作经验变量 Experence。其主要原因是，本研究是以样本居民在接受访问时已从事该职业（包括在其他工作单位从事该职业）的年数来衡量其工作经验的，但这个信息只是对那些实现了就业的居民才有效；同时，就业方程将城市特征向量失业率变量 Unemployment Rate 纳入了进来，因为失业率变量直接反映了劳动力市场上的供给和需求情况，失业率高意味着劳动力供给过剩，这可能会降低城镇居民的就业概率；相反，失业率降低意味着对劳动力的需求增加，城镇居民的就业概率可能会提高。

本部分使用 Probit 回归对就业方程 4.1 进行了估计，结果如表 4.1 所示，且回归结果中显示的是各解释变量的边际效应。在具体回归时，我们同样首先只在方程中纳入城市规模变量，然后再逐次纳入居民个人特征向量和城市特征向量，其中，城市人口规模仍然是本研究关注的核心解释变量。

表 4.1 城市规模对城镇居民就业概率的影响：OLS 估计

	被解释变量为 employed		
	（1）	（2）	（3）
城市规模	−0.0151	0.0022	0.1411519**
	（0.0108）	（0.0124）	（0.0672）
城市规模的平方			−0.0120484**
			（0.0059）
性别		0.1080***	0.0080***
		（0.007）	（0.0023）
年龄		0.0292***	0.0027002***
		（0.0041）	（0.0010）
年龄的平方		−0.0004***	−0.0000432***
		（0.0001）	（0.00001）
是否有配偶		0.1018***	0.0116
		（0.0206）	（0.0081）
民族		0.0385	0.0041
		（0.0410）	（0.0106）
教育		0.0130***	0.0014***
		（0.0005）	（0.0004）
健康		0.0445***	0.0049***
		（0.0075）	（0.0018）
行业			0.0003*
			（0.0002）
失业率			−0.00198
			（0.0016）
第二产业占比			−0.0009
			（0.0009）
第三产业占比			−0.0014
			（0.0009）
外商直接投资			0.0004
			（0.0012）

续表

	被解释变量为 employed		
	（1）	（2）	（3）
固定资产投资			-0.0001
			（0.0001）
人均道路面积			0.0013*
			（0.0008）
公共交通			-0.0011**
			（0.0005）
病床			-0.0002
			（0.0002）
绿化			-0.0013***
			（0.0003）
直辖市	未控制	未控制	控制
省会城市	未控制	未控制	控制
R^2	0.0012	0.1295	0.1482
观测值	8892	6999	6994

注：***、**、*分别表示在 1%、5%和 10%的显著性水平上显著；括号里的数值是经过市区层面聚类修正的稳健性标准差；对于就业方程中的连续变量而言，表中给出的数值是其在均值处的边际效应。

在第（1）、（2）列中，城市规模变量的边际效应未能通过显著性检验，但在控制了其他可能影响城镇居民就业概率的个人特征变量和城市特征变量之后，城市人口规模变量的边际效应在 10%的显著性水平上显著为正，说明城市规模对城镇居民就业概率的提高具有显著的促进作用。并且，城市规模对就业概率的影响还呈现出先上升后下降的倒"U"型轨迹，这意味着随着城市人口规模的扩大，城镇居民的就业概率先是得以提高，但当城市扩大到一定的规模后，城市人口的进一步增加将会降低城镇居民的就业概率，该拐点规模约为 349.92 万人。

大部分个人特征变量对城镇居民的就业概率有显著影响。其中，男性比女性具有更高的就业概率。年龄变量对城镇居民就业概率的影响明显呈现出倒"U"型轨迹，意味着随着年龄的增长，城镇居民的就业概率呈现先增加再降低的态势，其拐点年龄约为 31 岁。这说明，一般而言，针对初次就业的居民来说，在拐点年龄之后，随着年龄的增长，参加工作将变得越来越困难。教育对城镇居民的就业概率也具有显著的正向影响。健康状况也显著地影响了城镇居民的就业概率，即城镇居民的就业概率会随着其健康状况的恶化而降低。民族变量在回归中没有通过显著性检验，说明其对城镇居民的就业概率没有显著影响，这主要是因为我国长期坚持民族平等的民族政策，使得在就业方面基本不存在民族歧视的情况。

大多数的城市特征变量在回归结果中没有通过显著性检验，10个变量中只有行业、道路、公共交通和绿化率4个变量对城镇居民的就业概率具有显著影响。其中，行业单位从业人员数对城镇居民的就业概率具有显著的正向拉动作用，这是因为行业劳动力供给的增加在降低均衡工资的同时，增加了劳动力市场的均衡数量。人均铺装道路面积变量对城镇居民的就业概率也具有显著的正向影响，这是由于交通基础设施状况的改善提升了劳动力市场的匹配效率，从而促进了居民的就业概率。公共交通变量对城镇居民的就业概率则具有反向作用，这一结果可以用规模经济来解释，即规模经济除了能带来收益以外，还会产生拥挤效应，而拥挤效应的存在提升了城镇居民的就业成本，降低了劳动力市场的匹配效率。城市绿化率的提升对居民就业概率也具有负面影响，这可能是由于福利设施的改善弥补了城镇居民的效用，消磨了城镇居民对就业的主观能动性造成的。

表4.2给出了城市规模对城镇居民就业概率影响的工具变量估计结果。结果显示，选取的工具变量，即1953年人口数量的自然对数的系数在1%的显著性水平上通过了检验，且为正值，说明历史人口规模对现在的城市规模具有显著的正向影响；而且还说明历史人口数量如果增加10%，那么2008年样本城市的人口规模将扩大约5.85个百分点。这一结果显示的人口增长弹性小于1，最主要的原因可能是我国实行了独特的计划生育政策，这在一定程度上可以说明中国的计划生育政策在过去的半个世纪中是行之有效的，在很大程度上减缓了我国人口的增长。

表4.2 城市规模对城镇居民就业概率的影响：工具变量估计

	被解释变量为 employed	
	第一阶段回归	第二阶段回归
工具变量	0.5852***	
	(0.0613)	
城市规模		0.0200**

续表

	被解释变量为 employed	
	第一阶段回归	第二阶段回归
		（0.0082）
性别	0.0045	0.0123***
	（0.0034）	（0.0040）
年龄	0.0040***	0.0123393***
	（0.0014）	（0.0036）
年龄的平方	-0.00005***	-0.000169***
	（0.00002）	（0.00005）
是否有配偶	-0.0008	0.0071
	（0.0103）	（0.0087）
民族	0.0724***	0.0094
	（0.0148）	（0.0196）
教育	-0.0015	0.0018**
	（0.0011）	（0.0007）
健康	0.0087	0.0065**
	（0.0101）	（0.0031）
行业	-0.0006	0.0003*
	（0.0004）	（0.0002）
失业率	-0.0607***	0.0009
	（0.0215）	（0.0022）
第二产业占比	0.0619***	0.0008
	（0.0222）	（0.0018）
第三产业占比	0.0667***	-0.0010
	（0.0227）	（0.0019）
外商直接投资	0.0042	-0.0001
	（0.0359）	（0.0024）
固定资产投资	0.0110***	0.00002
	（0.0032）	（0.0003）
人均道路面积	-0.0336***	0.0006
	（0.0080）	（0.0010）

续表

	被解释变量为 employed	
	第一阶段回归	第二阶段回归
公共交通	0.0280***	−0.0006
	(0.0054)	(0.0006)
病床	−0.0053*	0.0001
	(0.0032)	(0.0003)
绿化	0.0183***	−0.0008*
	(0.0063)	(0.0004)
直辖市	未控制	未控制
省会城市	控制	控制
R^2	0.9712	0.0420
F 值	13972.06	5.74
观测值	6994	6994

注：***、**、*分别表示在 1%、5%和 10%的显著性水平上显著；括号里的数值是经过市区层面聚类修正的稳健性标准差。

第二阶段回归结果显示，核心解释变量城市人口规模变量的边际效应在 5%的显著性水平上为正值，说明城市人口规模对城镇居民就业概率的提高具有显著的促进作用。并且，在纳入城市规模的平方这一变量后，未能通过显著性检验[1]，说明城市规模对就业概率的影响不存在先上升后下降的倒"U"型影响轨迹。也就是说，从这个意义上讲，不能确定城市的最优规模，即城市的最优规模在促进就业概率最大化层面上可能是不存在的。

工具变量估计结果显示，大部分个人特征变量对城镇居民就业概率的提高，具有显著的影响。其中，男性比女性具有更高的就业概率。年龄对城镇居民就业概率的影响明显呈现出倒"U"型轨迹，意味着随着年龄的增长，城镇居民的就业概率呈现先增加再降低的态势，其拐点年龄约为 37 岁。这说明，一般而言，针对初次就业的居民来说，在拐点年龄 37 岁之后，随着年龄的增长，参加工作将变得越来越困难。该拐点年龄虽然比 OLS 估计的结果 31 岁要大一些，但其与现实情况则更为吻合。教育对居民的就业概率也具有显著的正向影响。健康状况也显著地影响了城镇居民的就业概率，即居民的就业概率会随其健康状况的恶化而降低。是否有配偶变量和民族变量在回归中没有通过显著性检验，说明城镇居民是单身还是有配偶对其

---

[1] 为节约空间，其具体回归数据没有列明，如有需要可以向作者索取。

就业概率没有显著影响，是否是少数民族对城镇居民的就业概率也没有显著影响，这一结果主要可能是由于我国长期坚持民族平等的民族政策而导致的，说明我国城镇居民在就业方面基本不存在民族歧视的情况或现象。

大多数的城市特征变量在回归结果中没有通过显著性检验，10个变量中只有行业和绿化率这两个变量对城镇居民的就业概率有着显著影响。其中，行业单位从业人员数对城镇居民的就业概率具有显著的正向促进作用，这是因为行业劳动力供给的增加在降低均衡工资的同时，增加了劳动力市场的均衡数量。城市绿化率的提升则对城镇居民的就业概率具有负面影响，这可能是由于福利设施的改善弥补了居民的效用，消磨了城镇居民对就业的主观能动性导致的。

表4.3给出了城市规模对不同技能组城镇居民就业概率的影响。结果显示，无论是在Probit估计还是在工具变量IVProbit估计中，城市规模对低技能组城镇居民就业概率的影响系数都显著为正，说明城市规模对低技能组城镇居民的就业概率具有显著的正向影响。其原因可能是随着人口和经济活动的进一步集聚，一方面对低技术含量商品的需求大大增加，另一方面高技能组城镇居民进行低技能工作的机会成本增加，对不可贸易服务的需求（比如家政工作）也相应增加，进而使得劳动力市场对低技能城镇居民的需求大大增加，低技能组城镇居民的就业概率相应提高。

表4.3 城市规模对不同技能组城镇居民就业概率的影响

	Probit估计			IVProbit估计		
	低技能组	中技能组	高技能组	低技能组	中技能组	高技能组
城市规模	0.7508***		0.0594**	0.9223**		0.0014
	（0.2003）		（0.0291）	（1.1398）		（0.0047）
个人特征	控制	控制	控制	控制	控制	控制
城市特征	控制	控制	控制	控制	控制	控制
R^2	0.3068		0.2087	0.1738		0.2038
观测值	1697		2786	1697		2779

注：***、**、*分别表示在1%、5%和10%的显著性水平上显著；括号里的数值是稳健性标准差。

在Probit估计中，城市规模变量对高技能组城镇居民就业概率的影响系数在5%的显著性水平上通过了检验，但在工具变量估计中，城市规模变量的估计系数却没有通过显著性检验。这说明城市规模虽然可能会促使高技能组城镇居民专门的进行高技能水平的工作,但对他们的就业率的提高并没有显著的促进作用,因为相对于低技能的城镇居民来讲,高技能城镇居民的就业概率本来就是很高的。从这个意义上来说,低技能组的城镇居民从人口和经济活动集聚中获益更大。

综上所述,总体上来讲,城市规模对城镇居民就业概率的提高具有显著的促进和拉动作用,特别是对低技能组城镇居民而言,人口和经济活动的进一步集聚,为其带来的好处将更大。通过促进就业拉动城镇居民收入的增长和生活水平的提高,是城市规模影响城镇居民收入增长,特别是低技能组城镇居民收入增长的重要途径。

4.2 知识、技术外溢和聚集经济

4.2.1 知识外溢

人口和经济活动集聚带来的知识外溢,实质上是人力资本的外部性或外部效应。人力资本(Human capital)是指劳动者受到教育、培训、实践经验、迁移、保健等方面的投资而获得的知识和技能的积累[1]。由于知识与技能可以为其所有者带来收益,由此而形成了一种特定的非物力资本,即人力资本。简言之,人力资本就是凝聚在劳动者身上的知识、技能及其所表现出来的能力[2]。

人力资本的作用具有内部效应和外部效应两个方面[2]。人力资本的内部效应指的是人力资本能提高自身的劳动生产率,从而可以提高个人收益。人力资本的外部效应或外部性可以包含两个方面:一方面指的是平均人力资本的增加能够提高所有生产要素的生产率,这需要通过团体中的互动和相互学习而产生;另一方面是"通过劳动力之间的交往和交流而产生的知识和能力的外溢(Spillover),这种外溢不是一种主动性的学习,而是潜移默化性的人力资本积累"[3]。越是人力资本积累高的行业,知识和能力就越

---

1 牟增芬,孙正林. 基于人力资本理论的新生代农民工培训问题研究[J]. 中国林业经济. 2011,01;李传裕. 从人力资本投资角度分析梅州市农村剩余劳动力转移[J]. 人力资源管理. 2014,04.

2 甘小霞. 我国行业收入差距实证研究[J]. 浙江大学硕士论文. 2010,05.

3 岳昌君,吴淑姣. 人力资本的外部性与行业收入差异[J]. 北京大学教育评论. 2005,04.

密集，更容易产生外溢[1]。因此，经济主体间的交流和互动促使人们从中获益，并且这种效应在人力资本高的场合更强，能带来更高的生产率和更高的工资[2]。这一理论同样可以用来解释行业间的收入差距，即由于人力资本外部性的存在，使得人力资本密集程度不同的行业劳动生产率不同，因而产生行业之间的收入差异[3]。

人口和经济活动的集聚，为人力资本的外部效应创造了条件。从理论上来讲，人力资本密集行业及其城镇居民在人口和经济集聚中获益应当更大。如果可以证实这一点，那么我们就可以说，城市规模可以通过知识、技术外溢，即人力资本的外部效应，作用于城镇居民收入的增长。本部分将用实证来检验城市规模对城镇居民收入增长的这一影响机制，思路是：首先，从人力资本的角度将行业分为人力资本密集型行业和非人力资本密集型行业；其次，以城镇居民收入为被解释变量，以城市规模为核心解释变量，在控制个人特征和城市特征向量的情况下，进行回归估计；最后，根据回归结果，检验和判断城市规模是否通过人力资本的外部效应带来城镇居民收入的增长。

首先，从人力资本的角度将行业分为人力资本密集型行业和非人力资本密集型行业。具体步骤是：（1）借鉴岳昌君和吴淑姣（2005）的研究，设定研究生及以上、本科、大专、中专（高中）、初中及以下的受教育年数分别为 19 年、16 年、15 年、12 年和 7.5 年[2]，计算各行业及全行业的平均受教育年数，以此代表各行业及全行业的人力资本水平；（2）将各行业及全行业的平均受教育年数按照从高到低排序；（3）全行业平均水平以上的，设定为人力资本密集行业；平均水平以下的，为非人力资本密集型行业。

表 4.4 给出了各行业及全行业平均受教育年数的排序情况，根据我们的分类标准，信息传输计算机服务和软件业，金融业，教育业，科学研究、技术服务和地质勘查业，公共管理和社会组织，文化、体育和娱乐业，卫

---

1 岳昌君，吴淑姣. 人力资本的外部性与行业收入差异[J]. 北京大学教育评论. 2005，04.

2 岳昌君，吴淑姣. 人力资本的外部性与行业收入差异[J]. 2005 年中国教育经济学年会会议论文集. 2005，10；岳昌君，吴淑姣. 人力资本的外部性与行业收入差异[J]. 北京大学教育评论. 2005，04.

3 岳昌君，吴淑姣. 人力资本的外部性与行业收入差异[J]. 2005 年中国教育经济学年会会议论文集. 2005，10；岳昌君，吴淑姣. 人力资本的外部性与行业收入差异[J]. 北京大学教育评论. 2005，04；甘小霞. 我国行业收入差距实证研究[J]. 浙江大学硕士论文. 2010，05.

生、社会保障和社会福利业，批发和零售业，以及租赁和商务服务业共9个行业可以归为人力资本密集型行业，其余的9个行业：电力、燃气及水的生产和供应业，房地产业，交通运输、仓储和邮政业，建筑业，制造业，水利、环境和公共设施管理业，住宿和餐饮业，采矿业，以及居民服务和其他服务业归为非人力资本密集行业。此外，虽然没有农林牧渔业的统计数据，但根据经验，就中国当前的城市化水平和经济发展水平来看，我们把该行业归为非人力资本密集行业。

表 4.4　各行业及全行业平均教育年限的排序情况[1]

序号	行业	平均受教育年数
1	信息传输计算机服务和软件业	15.60
2	金融业	15.17
3	教育业	14.86
4	科学研究、技术服务和地质勘查业	14.85
5	公共管理和社会组织	14.35
6	文化、体育和娱乐业	14.28
7	卫生、社会保障和社会福利业	14.05
8	批发和零售业	13.26
9	租赁和商务服务业	12.98
	全行业	12.90
10	电力、燃气及水的生产和供应业	12.54
11	房地产业	12.16
12	交通运输、仓储和邮政业	11.78
13	建筑业	11.75
14	制造业	11.43
15	水利、环境和公共设施管理业	10.88
16	住宿和餐饮业	10.85
17	采矿业	10.84
18	居民服务和其他服务业	10.62

表 4.5 给出了城市规模变量对人力资本密集行业和非人力资本密集行业城镇居民名义收入增长的回归结果。结果显示，城市规模变量估计系数

---

[1] 根据北京市第二次经济普查详细数据计算得到。

在 OLS 估计和工具变量估计中都显著为正,说明城市规模对人力资本密集行业和非人力资本密集行业城镇居民名义收入的增长,都具有显著的拉动和促进作用。城市规模变量的估计系数值进一步显示,城市规模对人力资本密集行业城镇居民名义收入增长的拉动作用,比对非人力资本密集行业城镇居民名义收入增长的拉动作用要大,这与我们之前的理论预期一致,因此,可以说明城市规模可以通过人力资本的外部效应,作用于城镇居民名义收入的增长。

表 4.5 城市规模对人力资本密集和非人力资本密集行业城镇居民名义收入的影响

	OLS 估计		2SLS 估计	
	非人力资本密集行业	人力资本密集行业	非人力资本密集行业	人力资本密集行业
城市规模	3.5122**	3.9396**	3.3522***	3.7239***
	(1.5085)	(1.4085)	(0.6940)	(0.8466)
个人特征	控制	控制	控制	控制
城市特征	控制	控制	控制	控制
F 值			90.45	71.61
R^2	0.3690	0.3550	0.3638	0.3497
观测值	3675	3333	3675	3333

注:***、**、*分别表示在 1%、5%和 10%的显著性水平上显著;括号里的数值是稳健性标准差。

表 4.6 给出了城市规模变量对人力资本密集行业和非人力资本密集行业城镇居民实际收入增长的回归结果。结果显示,无论是在 OLS 估计中,还是在工具变量估计中,城市规模变量的回归系数都显著为正,说明城市规模对人力资本密集行业和非人力资本密集行业城镇居民实际收入的增长,都具有显著的正向拉动作用。城市规模变量的估计系数值进一步显示,城市规模对人力资本密集行业城镇居民实际收入增长的拉动作用,比对非人力资本密集行业城镇居民实际收入增长的拉动作用要大,这也与我们之前的理论预期一致,即相对于非人力资本密集行业而言,人力资本密集行业城镇居民从人口和经济活动集聚中获益更大,城市规模可以通过人力资本的外部效应,促进城镇居民实际收入的增长。

表 4.6 城市规模对人力资本密集和非人力资本密集行业城镇居民实际收入的影响

	OLS 估计		2SLS 估计	
	非人力资本密集行业	人力资本密集行业	非人力资本密集行业	人力资本密集行业
城市规模	3.6541**	4.0829**	3.4657***	3.8549***
	（1.4868）	（1.4031）	（0.6936）	（0.8460）
个人特征	控制	控制	控制	控制
城市特征	控制	控制	控制	控制
F 值			90.77	71.83
R^2	0.3701	0.3556	0.3645	0.3499
观测值	3675	3333	3675	3333

注：***、**、*分别表示在 1%、5%和 10%的显著性水平上显著；括号里的数值是稳健性标准差。

总之，实证检验结果说明，人口和经济活动的进一步聚集，促进了人力资本密集行业和非人力资本密集行业城镇居民名义收入和实际收入的增长，且对人力资本密集行业城镇居民收入增长的拉动作用更大，即人力资本密集行业城镇居民从人口和经济集聚中获得的收益更大，城市规模可以通过人力资本的外部效应和知识外溢，作用于城镇居民收入的增长。人力资本的外部效应是城市规模影响城镇居民收入增长，特别是人力资本密集行业城镇居民收入增长的一个重要途径。

4.2.2 技术外溢

科学技术是第一生产力，技术对社会的经济增长和发展具有促进作用。与人力资本的外部效应相类似，城市规模是否可以通过技术的外溢，作用于城镇居民收入增长呢？这部分我们将检验和探讨这一问题。

具体思路是：（1）首先将行业按技术密集程度分为技术密集型行业和非技术密集型行业；（2）以城市规模为核心解释变量，以城镇居民收入为被解释变量，在控制个人特征和城市特征向量的情况下，分别对技术密集型行业城镇居民样本和非技术密集型行业城镇居民样本进行回归；（3）根据回归结果判断城市规模是否通过技术外溢，作用于城镇居民收入增长，如果技术密集型行业城镇居民比非技术密集型行业城镇居民从人口和经济集聚中获得的收益更大，我们就可以说城市规模可以通过技术外溢，作用于城镇居民收入增长；反之，则说明技术外溢不是城市规模影响城镇居民收入增长的途径。

首先，将行业按技术密集程度分为技术密集型行业和非技术密集型行业。对技术密集型行业的划分，目前还没有一个统一的规范的标准。经济合作与发展组织（Organization for Economic Co-operation and Development，即经合组织 OECD）[1]（1986），曾从高科技产业的角度，根据联合国制定的国际标准产业分类，依据 13 个典型成员国 1979—1981 年间有关 R&D 的经费数据，把航空航天制造业等 6 类产业定义为高技术产业[2]。美国划分高科技产业所使用的指标，是研发强度[3]和科技人员占劳动力的比重，并界定这两项指标超过 10% 的产业为高技术产业[2]。张长春（1994）曾经从 1985 年《全国工业普查资料，第 8 册》中选取了工人文化程度（高中及高中以上文化程度职工占职工总人数的比重）、工程技术人员比重（工程技术人员占全行业职工总数的比重）和设备情况（参加机械化、自动化生产工人占全行业职工总人数的比重）[4]三个指标，建立了计算各工业行业技术密集度综合分值的模型[5]，并根据综合分值来对当时 666 个工业行业中的 539 个小行业的技术密集度进行了排序，并划分出技术密集型行业和非技术密集型行业[6]。

从要素密集型行业定义可知，要素密集型行业的划分是一种相对划分，不存在绝对的划分标准，即要素密集型行业划分并不依据某行业所含要素的绝对量，而是依据该行业所含某类要素占所含总要素的比例与其他行业所含该类要素占总要素的比例的大小来判断[4]。因此，本研究在借鉴这些研究成果的基础上，采用 R&D 经费占该行业固定资产投资的比重这一指标来划分技术密集型行业和非技术密集型行业。这里之所以没有采用美国沿用的研发强度，即 R&D 经费占销售额的比重指标，是考虑到有些行业如公共

---

1 陈斌. 中国远程高等教育市场经营环境分析[J]. 现代教育技术. 2007, 08.
2 陆立军，周国红. 技术密集型行业对制造业竞争力影响程度研究——以浙江省为例[J]. 科研管理. 2006, 02.
3 即 R&D 经费占销售额的比重.
4 张长春. 我国要素密集型行业划分与优势区分布[J]. 中国工业经济研究. 1994, 07.
5 各行业综合分值：$Y=0.0471X_{i1}+0.6135X_{i2}+0.4152X_{i3}$，其中，$i$ 为第 i 个行业，三个解释变量分别为工人文化程度、工程技术人员比重和设备情况三个指标.
6 具体划分标准和方法是：先在排序的基础上算出前一行业与后一行业综合分值的落差，再在行业总数 10% 以下，综合分值平均水平以上寻找综合分值落差最大点，并规定此点以上为技术密集型行业，此点以下为非技术密集型行业.

管理和社会组织和科学研究、技术服务和地质勘查业没有销售额的存在，因此，我们用行业固定资产投资来代替。

首先，根据第二次 R&D 资源清查（2009）和中国统计年鉴 2010 的相关统计数据，计算出各行业和全行业 R&D 费用占该行业和全行业固定资产投资的比重，并根据比重从大到小排序，见表 4.7。其次，将全行业 R&D 费用占比作为区分技术密集型行业和非技术密集型行业的分界线，可以看出：科学研究、技术服务和地质勘查业，教育业，建筑业，信息传输计算机服务和软件业，制造业，以及卫生、社会保障和社会福利业共 6 个行业为技术密集型行业；其余的 13 个行业：租赁和商务服务业，采矿业，金融业，电力、燃气及水的生产和供应业，农林牧渔，文化、体育和娱乐业，交通运输、仓储和邮政业，水利、环境和公共设施管理业，居民服务和其他服务业，住宿和餐饮业，房地产业，批发和零售业，以及公共管理和社会组织，为非技术密集型行业。

表 4.7 各行业按 R&D 费用占该行业固定资产投资的比重排序

序号	行业	R&D 费用占固定资产投资的比重
1	科学研究、技术服务和地质勘查业	94.82%
2	教育业	12.82%
3	建筑业	6.78%
4	信息传输计算机服务和软件业	6.08%
5	制造业	5.06%
6	卫生、社会保障和社会福利业	3.71%
	全行业	2.58%
7	租赁和商务服务业	2.22%
8	采矿业	1.85%
9	金融业	0.30%
10	电力、燃气及水的生产和供应业	0.24%
11	农林牧渔	0.20%
12	文化、体育和娱乐业	0.07%
13	交通运输、仓储和邮政业	0.04%
14	水利、环境和公共设施管理业	0.01%
15	居民服务和其他服务业	

续表

序号	行业	R&D 费用占固定资产投资的比重
16	住宿和餐饮业	
17	房地产业	
18	批发和零售业	
19	公共管理和社会组织	

数据来源：根据 R&D 资源清查（2009）和中国统计年鉴 2010 相关数据计算整理得到。

表 4.8 给出了城市规模变量对技术密集型行业和非技术密集型行业城镇居民名义收入的回归结果。结果显示，城市规模变量的估计系数在 OLS 估计和工具变量估计中都显著为正，说明城市规模对技术密集型行业和非技术密集型行业城镇居民名义收入的增长都具有显著的拉动和促进作用。城市规模变量的估计系数值进一步显示，城市规模对技术密集型行业城镇居民名义收入增长的拉动作用，比对非技术密集型行业城镇居民名义收入增长的拉动作用要大，这就肯定地回答了我们所要探讨的问题，即城市规模可以通过技术外溢，促进城镇居民名义收入，特别是技术密集型行业城镇居民名义收入的增长。

表 4.8 城市规模对技术密集和非技术密集行业城镇居民名义收入的影响

	OLS 估计		2SLS 估计	
	非技术密集行业	技术密集型行业	非技术密集行业	技术密集型行业
城市规模	4.2569***	4.1357***	3.8623***	4.5329***
	(1.4257)	(1.3868)	(0.7417)	(0.7927)
个人特征	控制	控制	控制	控制
城市特征	控制	控制	控制	控制
F 值			116.80	55.98
R^2	0.3845	0.3341	0.3783	0.3288
观测值	4393	2615	4393	2615

注：***、**、*分别表示在 1%、5%和 10%的显著性水平上显著；括号里的数值是稳健性标准差。

表 4.9 给出了城市规模变量对技术密集型行业和非技术密集行业城镇居民实际收入增长的影响结果。回归结果显示，在 OLS 估计和工具变量估计中，城市规模变量的估计系数都显著为正，说明城市规模对技术密集型

行业和非技术密集型行业城镇居民实际收入的增长都具有显著的拉动和促进作用。城市规模变量的估计系数值进一步显示，城市规模对技术密集型行业城镇居民实际收入增长的促进作用，比对非技术密集型行业城镇居民实际收入增长的促进作用要大，这说明城市规模可以通过技术外溢作用于城镇居民实际收入的增长。

表 4.9　城市规模对技术密集和非技术密集行业城镇居民实际收入的影响

	OLS 估计		2SLS 估计	
	非技术密集行业	技术密集型行业	非技术密集行业	技术密集型行业
城市规模	4.3930***	4.2832***	3.9742***	4.6603***
	（1.4164）	（1.3819）	（0.7412）	（0.7924）
个人特征	控制	控制	控制	控制
城市特征	控制	控制	控制	控制
F 值			116.80	56.33
R^2	0.3852	0.3353	0.3783	0.3295
观测值	4393	2615	4393	2615

注：***、**、*分别表示在 1%、5% 和 10% 的显著性水平上显著；括号里的数值是稳健性标准差。

总之，实证检验的结果说明，城市规模和经济活动的聚集，促进了技术密集型行业和非技术密集行业城镇居民名义收入和实际收入的增长，且对技术密集型行业城镇居民收入增长的拉动作用更大，即与非技术密集型行业的城镇居民相比，技术密集型行业城镇居民从人口和经济集聚中获得的收益更大，城市规模可以通过技术外溢，作用于城镇居民收入的增长。可以说，技术外溢是城市规模影响城镇居民收入增长的重要途径。

4.2.3　聚集经济和成本

根据最小成本理论，随着人口和经济活动的集聚，不可避免地会对城市的发展成本产生影响。并且，"城市人口规模是人均成本的函数，城市人口规模与人均成本之间呈 U 型关系"（林目轩等，2007），即随着人口、经济活动的集聚和城市规模的扩大，城市发展的成本将会逐渐变小，但当城市规模超过一定的界限或范围后，拥挤效应将明显增加城市的发展成本。从城市和社会的角度来看，在长期中，如果鼓励人口和经济活动向处于最优规模或将要达到最优规模的城市或中心移动，那么会使得这一地区提供公共设施的成本最小化（陶然，2005）。退一步来讲，如果存在一个使得公共服务的成本或生产成本最小的最佳城市规模，那么在达到最佳规模之前，人口和经济活动的集聚，即使没有使该地区公共服务和生产成本达到最小化，但资源共享的机制将至少使这些成本都是随着城市规模扩大而不断减少和下降的。

正是由于资源的共享，才使得城市提供公共服务的平均成本下降，市场经济主体参与经济活动的费用和成本也将随之降低，而企业生产成本的降低会引起企业供给曲线向右平移，导致总产量增加，企业生产规模扩大，进而对劳动力的需求量也相应增加，从而引起劳动力市场的需求曲线向右平移，导致均衡工资水平上升，城镇居民的收入增加。这也是城市规模促进城镇居民收入增长的途径和机制，但这一机制，实质上是通过就业机制来实现的。

此外，人口和经济活动的集聚，为知识和技术外溢提供了条件。技术外溢为企业带来技术创新和生产率的提高，从而使生产成本降低，产出增加，生产规模扩大，进而对劳动力的需求量增加，导致城镇居民的就业概率和均衡工资水平上升，城镇居民的收入也随之增加。通过这种机制，也可以带来城镇居民收入的增长，但这一机制，实质上是就业机制和技术外溢共同作用的结果。

4.3 制度效率

根据新制度经济学家们的观点，交易费用的高低是衡量制度的有效性的重要指标，一般来说，交易费用越高，制度就越低效；交易费用越低，制度就越高效[1]。

由于制度效率递减规律的存在，使得制度会随着时间推移和社会发展而逐渐由高效变得低效，而人口和经济集聚则在一定程度上加快了城市制度效率递减的速度。随着人口和经济活动的进一步集聚，旧的制度出现了明显的不适应性，即旧的制度供给已经不能满足人口和经济集聚后对制度的需求，这就需要新的制度供给，即制度的变革和变迁由此产生。制度变迁的本质就是由适应社会经济发展的新制度代替不适应社会经济发展的旧

---

1 袁庆明. 微观与宏观交易费用测量的进展及其关系研究[J]. 南京社会科学. 2011，03；袁庆明. 新制度经济学. 北京：中国发展出版社，2012，7：67.

制度的过程。既然新制度更适应社会经济的发展，因此与原来的旧制度相比，新制度将更有效率，若从交易费用的角度来说，就是新制度比旧制度的交易费用或成本更低。交易费用本质上是对稀缺的社会资源的损耗，交易费用的降低就意味着社会经济发展（或城市发展）对社会稀缺资源的损耗减少。在资源和生产技术水平既定的情况下，作为交易费用的资源损耗减少，用于生产的资源将会增多，社会总产出也将变大，这就意味着社会对劳动力的需求增加，城镇居民的就业概率增加，收入水平提高。

如果从投入产出比的角度来衡量制度效率，就是城市规模带来了制度效率的提升，从而带动了城镇居民收入的增长。从投入产出比的角度衡量制度效率有两种方式：一是投入既定，产出最大，即制度的资源投入或成本既定，制度带来的效益或收益最大化；二是产出既定，投入最小，即制度的收益或目标、效果既定，制度的资源损耗或成本投入最小化。

我们假定制定制度的目的或其要实现的功能是实现社会经济的健康稳定发展和居民收入水平的提高，即制度的收益既定，如果人口和经济活动的集聚能够使制度投入的成本变小，那么就可以说，城市规模能使制度的效率提高。究竟城市规模能不能促进制度效率的提高呢？其关键是人口和经济集聚能不能降低制度的投入成本。一般而言，正式制度是由公共部门提供和产生的，那么制度的成本将由制度的产生成本和运行成本两部分共同组成，因此我们可以用制度产生和运行过程中投入的所有资源的总量来衡量制度的总成本。由于规模经济和聚集效应的存在，使得随着城市人口数量的增加，制度产生和运行所依托的公共部门提供的商品与服务的总成本将会降低，即制度产生和运行的交易费用也会相应减少，这意味着制度产生和运行所需要投入和损耗的社会资源减少，社会产出增加，对劳动力的需求增加，进而城镇居民的就业概率得到提高，居民的收入水平也将相应提升。

总之，城市规模可以通过提高制度效率来促进城镇居民收入的增长，但这一机制的实质仍然是就业机制。

综上所述，城市规模通过促进就业拉动了城镇居民收入，特别是低技能组城镇居民收入的增长和生活水平的提高；城市规模通过人力资本效应和知识外溢促进了城镇居民收入的增长；城市规模通过技术的外溢拉动和促进了城镇居民收入的增长；城市规模通过降低城市发展和企业生产成本，促进了城镇居民收入水平的提高；人口和经济集聚通过提高制度效率，同样拉动了城镇居民收入水平的增长。就业、人力资本的外部效应、技术外溢、城市发展成本下降和提高制度效率,都是城市规模拉动和促进城镇居民收入增长的途径,其中,就业机制、人力资本的外部性和技术外溢是城市规模影响城镇居民收入增长最根本的途径和机制。

5 城市规模与居民收入：来自贵州省经验数据的检验

前面章节的研究中，关于城市规模对城镇居民收入增长的影响及影响机制的分析和实证，所利用的微观数据都来自中国家庭住户收入调查数据，即 CHIP2009。

CHIP2009 的样本数据具有较强的代表性和普遍意义，比如，该调研所选取的样本城市包括上海、江苏、浙江、安徽、河南、湖北、广东、重庆和四川 9 个省级行政单位的 18 个市辖区，从行政区划上看，样本城市包含了直辖市、省会城市和一般地级市三种行政区划；从区域上看，样本城市涵盖了东部、中部、西部三个梯度，因此，从这个意义上讲，CHIP2009 样本城市的选取是比较全面的。

但是，CHIP2009 调研所选取的样本城市，又存在着不全面的地方，即没有将一些经济发展较落后和城市化水平比较低的省份和城市纳入进来，忽略了社会经济发展层面的全面性。而由于 CHIP2009 样本数据的这一不完全性，主体研究[1]的实证结果和结论，可能与我国现实的社会经济发展和城市化状况存在偏差。

因此，为了弥补 CHIP2009 调研数据的不足，我们对社会经济发展和城市化建设水平都较落后的贵州省[2]进行了调研，并利用调研数据来实证分析和考察，社会经济发展和城市化建设水平落后地区，城市规模对城镇居民收入增长的影响。同时，这也是对主体研究结论的普遍适用性，进行的一个检验或验证。

5.1 数据与模型

本部分使用的数据来自 2014 年贵州省城镇居民收入与消费调查数据，

---

1 为了对贵州调研数据和 CHIP2009 数据进行区别，我们把前面部分利用 CHIP2009 数据所做的实证研究，称为主体研究。

2 2013 年，贵州省的人均 GDP 为 22 922 元，在全国 31 个省中排名第 31 位；城市化率为 37.83%，在全国 31 个省中排名第 30 位。

即 GZURICS2014，该数据由本书作者组织调研收集。本调研采用分层调查的方法，样本城市包括贵州省的 6 个地级及以上城市（贵阳市、六盘水市、遵义市、安顺市、毕节市和铜仁市）和 7 个县级市（清镇市、仁怀市、兴义市、凯里市、都匀市、福泉市和赤水市），共 13 个城市，调研数据包含了 783 个城镇居民样本及家庭的信息。

为更好地考察和识别城市规模对城镇居民收入的影响，我们对样本进行了如下删减处理：本研究主要提取了调查中处于劳动力年龄范围内的受访样本，即男性年龄介于 16 周岁与 60 周岁之间，女性年龄介于 16 周岁与 55 周岁之间，但鉴于人们寿命的普遍延长，对于 60 周岁以上仍处于劳动或经营状态并获得收入的男性样本和 55 周岁以上仍处于劳动或经营状态并获得收入的女性样本，本研究仍然给予了保留；而对于不处于劳动力范畴的无收入样本则进行了剔除处理，主要包括：离休、退休、离岗、丧失劳动能力等人员和在校学生、待分配人员等尚未进入劳动年龄的样本。处理后的样本情况见表 5.1。

表 5.1　删减处理后的样本情况　　　　　　　　　单位：个

城市	样本数	男性样本	女性样本	劳动力年龄内样本	超过劳动力年龄样本
贵阳市	85	44	41	85	0
六盘水市	84	46	38	84	0
遵义市	70	41	29	70	0
安顺市	60	34	26	58	2
毕节市	72	40	32	71	1
铜仁市	69	39	30	69	0
清镇市	32	20	12	32	0
仁怀市	49	28	21	49	0
兴义市	32	21	11	32	0
凯里市	78	49	29	75	3
都匀市	60	31	29	60	0
福泉市	43	26	17	42	1
赤水市	49	23	26	46	3
合计	783	442	341	773	10

注：根据贵州省城镇居民收入与消费调查 2014 调研数据计算整理。

本部分仍然沿用第三章中的 Mincer 收入方程 3.1[1]来考察城市规模扩张对城镇居民收入增长的影响。本部分假定城镇居民的收入水平由该方程决定，方程中的下标 i 表示城市 j 中的个人 i，本部分中的 t 为 2014 年。

方程中的被解释变量为城镇居民月收入的自然对数，对于居民的月收入，本部分将考察两个量：一个量是城镇居民个人的名义收入，另一个量是样本居民家庭的名义收入。因此，在不同的情况下，该被解释变量具有不同的内涵，即在考察个人名义收入时，该被解释变量为城镇居民个人月收入的自然对数 ln(income)，在考察家庭名义收入时，该被解释变量为样本居民家庭名义月收入的自然对数 ln(income2)。

方程中的 X 和 M 分别是可能影响城市居民和家庭收入的个人特征向量和城市特征向量。可能影响城镇居民收入的个人特征向量 X 中，本部分研究纳入的主要变量有：性别变量 male，其中，男性赋值为 1，女性赋值为 0；年龄变量 age 及其平方 age^2，年龄是居民在接受访问时的周岁年龄；婚姻状况变量 spouse，已婚样本赋值为 1，未婚样本赋值为 0；受教育程度变量 education，是居民接受学校正规教育的年数。

可能影响城镇居民和家庭收入水平的城市特征向量 M 中，本部分研究纳入的变量主要有：核心变量人口规模变量 population，用 2013 年样本城市年末常住人口的自然对数来衡量。产业结构变量，分别以样本城市 2013 年第二产业生产总值和第三产业生产总值占样本城市 GDP 的比重（%）来衡量；固定资产投资变量 investment，用 2013 年样本城市全社会固定资产投资额占样本城市 GDP 的比重（%）来衡量。城市道路变量 road，用 2013 年样本所在城市市辖区人均铺装道路面积（平方米）来衡量；公共交通变量 public transport，用 2013 年样本所在城市每万人拥有公共汽电车数量（辆）来衡量；绿化率变量 rate of afforest，用 2013 年样本城市建成区绿化覆盖率（%）来衡量。本部分研究纳入的变量及定义见表 5.2。

本部分研究中所使用的数据中，衡量城镇居民个体特征的数据均来源于贵州省城镇居民收入与消费调查 2014（GZURICS2014）；衡量城市特征的数据均摘自贵州统计年鉴 2014。表 5.3 给出了各变量的描述性统计结果。

---

1 $\ln(income_{ij}) = \beta_0 + \beta_1 \ln(population_{jt}) + \varphi X_{ij} + \phi M_{jt} + \upsilon$.

表 5.2　变量列表

变量	定义
个人特征（X）	
个人收入	ln(个人月收入(元))
家庭收入	ln(家庭月收入(元))
性别	男性赋值为 1；否则为 0
婚姻	已婚赋值为 1；否则为 0
教育	接受正规教育的年数
城市特征（M）	
人口规模	ln(2013 年末样本城市常住人口)
第二产业的比重	2013 年样本城市第二产业生产总值/2013 年样本城市的 GDP
第三产业的比重	2013 年样本城市第三产业生产总值/2013 年样本城市的 GDP
固定资产投资	2013 年样本城市固定资产投资额/2013 年样本城市的 GDP
道路面积	2013 年样本城市市辖区人均铺装道路面积
公共交通	2013 年样本城市市辖区每万人拥有公共汽电车数量
绿化	2013 年样本城市建成区绿化覆盖率

表 5.3　各变量的描述性统计结果

变量	观测值	平均值	标准差	最小值	最大值
个人月收入的对数	783	1.153	0.439	0	2.197
家庭月收入的对数	783	1.505	0.522	0	2.197
人口规模	783	5.014	1.159	3.180	6.483
性别	783	0.567	0.501	0	2
年龄	783	4.266	2.640	1	69
婚姻状况	783	0.603	0.537	0	2
教育	783	2.905	1.243	1	6
第二产业占比	783	0.441	0.098	0.29	0.69
第三产业占比	783	0.448	0.088	0.27	0.59
固定资产投资	783	1.010	0.379	0.45	1.89
人均道路面积	783	9.476	3.573	5.07	20.75
公共交通	783	536.021	814.555	18	2 811.1
绿化	783	28.639	8.260	13.15	43.50

5.2 城市规模对城镇居民收入影响的实证分析

本部分使用 OLS 回归估计了收入方程（3.1），结果如表 5.4 所示。在具体回归时，我们首先只在方程中纳入城市规模变量，然后再逐次纳入居民个人特征向量和城市特征向量。

表 5.4 城市规模对城镇居民个人收入和家庭收入的影响

	被解释变量为 ln(income)			被解释变量为 ln(income2)		
	（1）	（2）	（3）	（4）	（5）	（6）
城市规模	0.0422*	0.5965*	0.5802*	0.0586	0.7062	0.6805**
	(0.0233)	(0.3042)	(0.2733)	(0.0350)	(0.3972)	(0.2902)
城市规模的平方		-0.0564*	-0.0512*		-0.0662	-0.0550*
		(0.0308)	(0.0279)		(0.0403)	(0.0286)
性别		0.1080***	0.1096***		-0.0334	-0.0256
		(0.0305)	(0.0304)		(0.0340)	(0.0340)
年龄		0.0820***	0.0782***		0.0146	0.0102
		(0.0264)	(0.0254)		(0.0449)	(0.0432)
年龄的平方		-0.0011***	-0.0011***		-0.0001	-0.00004
		(0.0004)	(0.0003)		(0.0006)	(0.0006)
婚姻状况		0.0857*	0.0925**		0.0989	0.0970
		(0.0449)	(0.0419)		(0.0830)	(0.0797)
教育		0.0512***	0.0489***		0.0543***	0.0478***
		(0.0144)	(0.0149)		(0.0151)	(0.0157)
第二产业比重			0.0754			0.8931*
			(0.4857)			(0.4330)
第三产业比重			0.9093			0.4287
			(0.6381)			(0.7439)
固定资产投资			0.0268			0.2756*
			(0.0807)			(0.1218)
人均道路面积			-0.0110*			-0.0248**
			(0.0055)			(0.0083)
公共交通			-0.00003			0.0001**

续表

	被解释变量为 ln(income)			被解释变量为 ln(income2)		
	（1）	（2）	（3）	（4）	（5）	（6）
			（0.00003）			（0.00004）
绿化			-0.0011			-0.0120***
			（0.0032）			（0.0036）
R^2	0.0124	0.1287	0.1376	0.0170	0.082	0.0812
观测值	783	783	783	783	783	783

注：***、**、*分别表示在1%、5%和10%的显著性水平上显著；括号中报告的数值是经过城市层面聚类修正的稳健性标准差。

表5.4中第（1）至（3）列给出了对城镇居民个人收入的回归结果，被解释变量为城镇居民个人名义月收入的自然对数。其中，城市规模变量的回归系数都在10%的显著性水平上为正，说明城市人口规模的扩大显著地提高了城镇居民的个人收入水平。这一结果与前文中的理论预期和实证研究结果都是一致的，这是因为随着人口和经济活动在空间上的不断积聚，城镇居民能更好地通过交流、模仿和学习来积累人类资本，从而提高劳动生产率（Lucas, 1988），增加个人收入水平。回归结果还显示，城市规模对城镇居民个人收入不仅有显著的影响，并且该影响还呈现先上升后下降的倒"U"型轨迹，即当城市规模处于拐点规模之前时，城镇居民的个人名义收入会随着城市人口数量的增加而不断上升，但当城市规模超过拐点规模之后，城市人口数量的进一步增长，将会使城镇居民的个人收入不断下降，这也可以进一步说明，城市规模不是越大越好，城市的发展存在着一个最佳边界。由于该倒"U"型的拐点约为289.78万人，因此，在其他因素不变的情况下，促进城镇居民个人收入增长最大化的城市发展规模约为289.78万人，这与第三章中实证结果所得出的促进城镇居民收入增长最大化的城市规模区间（286.78万～289.45万人）非常接近。

居民个人特征也显著地影响了城镇居民的个人收入水平。一般而言，男性比女性具有更高的个人收入。年龄变量对城镇居民个人收入的影响也是显著的，并同样呈现出先上升后下降的倒"U"型状态，这意味着随着年龄的增长，城镇居民的个人收入增长速度先上升再下降，其拐点约为35岁。城镇居民的婚姻状态对其个人收入的影响也很显著，即已婚城镇居民往往比单身居民的个人月收入要高。城镇居民接受正规学校教育的年数，即受教育程度变量也是影响城镇居民个人收入的一个重要因素，居民受教育的年数越长，其个人月收入水平将越高。

与个人特征变量对城镇居民个人月收入有显著的影响不同，回归结果显示，大多数的城市特征变量对城镇居民个人收入的影响并不显著，6个城市特征变量，只有道路面积这一个变量通过了显著性检验，且为负值。这说明道路面积变量对城镇居民个人收入水平的提高具有显著的负面影响和作用，即随着人均铺装道路面积的增加，城镇居民个人月收入将下降，这与交通基础设施状况的改善可以通过提高人与人之间的信息传递效率从而提高劳动力市场的匹配效率和城镇居民收入的理论预期相悖。造成这一结果可能存在的原因是：城市道路基础设施建设是城市人口规模扩大的一个直接结果，城市道路基础设施的改善是城市规模扩大的一个直接表现和必要条件，其一方面可以提高信息传递和劳动力市场的匹配效率，另一方面则可以通过城市建设和发展成本增加城镇居民的负担，当城市人口迁移滞后于基础设施建设和扩张时[1]，城市道路基础设施改善给城镇居民带来的负担可能就会大于当前其给居民带来的收益，直接表现为城镇居民收入水平的下降或增长缓慢。

表5.4中第（4）至（6）列报告了被解释变量为城镇居民家庭收入的回归结果。其中，第（4）、（5）列中，城市规模变量的系数没有通过显著性检验，但当控制了城镇居民个人特征和城市特征以后，城市规模变量系数在5%的显著性水平上通过了检验，且系数为正，说明城市规模对城镇居民家庭月收入具有显著的正向影响，且从回归系数来看，这比城市规模对城镇居民个人收入增长的影响更大，其原因可以理解为"1+1>2"，即整体效应大于个体效应之和。城市规模对城镇居民家庭收入增长的促进作用也呈现出先上升后下降的倒"U"型轨迹，该倒"U"型的拐点约为483.61万人，也就是说，在其他影响因素不变的情况下，促进城镇居民家庭收入增长最大化的城市规模约为483.61万人。

与个人特征变量对城镇居民的个人月收入影响显著不同，回归结果显示，大多数的个人特征变量对城镇家庭月收入的影响都不显著，这可能是由于个人的性别、年龄等因素对整个家庭的收入而言，并不起决定性作用

---

[1] 例如，一般各个开发区的发展初期，城市道路基础建设就会领先于人口和经济活动的聚集，直接表现是：人口密度小，经济活动不活跃，住宅区则出现空置现象。

的原因。个人特征向量中,只有教育变量对城镇居民家庭收入具有显著的促进和拉动作用。这是因为,个人受教育的程度及其所代表的技能和劳动生产率,是影响整个家庭收入水平的重要因素。一般而言,城镇居民个人受教育的年数越长,其家庭的月收入水平将越高。

综上所述,城市规模对城镇居民个人收入和家庭收入的增长都具有显著的拉动和促进作用,且在其他因素不变的情况下,促进城镇居民收入增长最大化的城市规模落在289.78万人至483.61万人的区间上。

5.3 城市规模对城镇居民收入影响的差异化分析

5.3.1 对不同技能水平城镇居民的影响

本部分实证分析了城市规模对不同技能水平城镇居民个人收入和家庭收入的影响。与第三章使用的指标类似,这部分我们仍然采用接受正规教育的年数来衡量城镇居民的技能水平,且定义受教育年数小于等于12年的城镇居民样本属于低技能水平组,受教育年数大于12年的城镇居民样本属于高技能组。

表5.5给出了城市规模对不同技能水平城镇居民收入增长的影响结果。估计结果显示,在被解释变量为城镇居民个人收入的回归中,城市规模变量对低技能组城镇居民样本的OLS估计系数没有通过显著性检验,说明城市规模大小对低技能组城镇居民的个人收入不具有显著影响;城市规模变量对高技能组城镇居民样本的OLS估计系数显著为正,说明城市规模对高技能组城镇居民的个人收入具有显著的促进和拉动作用,城市人口数量的增加,能显著促进高技能组城镇居民的个人收入的增长。这说明,从个人收入增长的角度来看,与低技能组城镇居民相比,较大规模城市对高技能组城镇居民更有利,这可能是由于在其他因素不变的情况下,规模越大的城市,其技术外溢效应更明显,高技能城镇居民越容易从中获益。

在被解释变量为城镇居民家庭收入的回归中,城市规模变量对低技能组和高技能组城镇居民样本的OLS估计系数都显著为正,说明城市规模对低技能组和高技能组城镇居民的家庭收入都具有显著的正向影响,且从回归系数可以看出,城市规模对低技能组城镇居民家庭收入的促进作用,大于对高技能组城镇居民家庭收入的促进作用。这说明,从家庭收入增长的角度来看,在其他因素不变的情况下,与高技能组城镇居民相比,较大的城市规模对低技能组城镇居民更有利。这可能是由于对于一般的大城市而言,低技能居民还是占据了多数,他们对整个家庭收入的影响可能更大。

表 5.5　城市规模对不同技能水平城镇居民收入增长的影响

	被解释变量为 ln(income)		被解释变量为 ln(income2)	
	低技能组	高技能组	低技能组	高技能组
城市规模	0.0126	0.1454***	0.1571**	0.1507*
	(0.0476)	(0.0212)	(0.0522)	(0.0612)
个人特征	控制	控制	控制	控制
城市特征	控制	控制	控制	控制
R^2	0.1334	0.1871	0.1150	0.0867
观测值	268	515	268	515

注:***、**、*分别表示在 1%、5%和 10%的显著性水平上显著;括号里的数值是经过市区层面聚类修正的稳健性标准差。(下同)

总之,城市规模对高技能组城镇居民个人收入和不同技能水平城镇居民个人收入和家庭收入的增长都具有显著的拉动作用和正向影响。从促进城镇居民个人收入增长的角度来看,大城市规模对高技能组城镇居民收入增长的拉动作用更大;但从促进城镇居民家庭收入增长的角度来看,大城市规模对低技能组城镇居民收入增长的拉动作用要高于对高技能组城镇居民收入增长的拉动作用。

5.3.2　对不同行业城镇居民收入的影响

本部分将从行业的角度,实证和考察城市规模对城镇居民收入增长的影响,其思路是:首先,对行业进行分组,分组的标准有行业的劳动密集度、行业的垄断程度和行业的开放度三个;其次,分别以城镇居民个人收入和城镇居民家庭收入为被解释变量,对各组城镇居民样本进行 OLS 回归估计;最后,分析回归结果,考察城市规模对不同行业组城镇居民个人收入和家庭收入的影响。

5.3.2.1　按劳动密集度分行业

表 5.6 给出了城市规模对劳动密集型和资金密集型行业城镇居民个人收入和家庭收入增长的影响结果。结果显示,无论是在被解释变量为城镇

居民个人收入的回归中,还是在被解释变量为城镇居民家庭收入的回归中,城市规模变量对劳动密集型行业和资金密集型行业城镇居民样本的估计系数都显著为正。这说明城市规模对劳动密集型行业和资金密集型行业城镇居民的个人收入和家庭收入都具有显著的正向影响。且回归系数进一步显示,在其他因素不变的情况下,城市规模对劳动密集型行业城镇居民个人收入和家庭收入的促进作用,都小于对资金密集型行业城镇居民个人收入和家庭收入的促进作用,即与劳动密集型行业的城镇居民相比,大城市规模对资金密集型行业城镇居民更有利。这与第三章中的研究结论是相悖的[1],其原因可能是样本来源的不同造成的。也就是说,城市人口数量的增加,相应地也带来资源的集聚,包括资金的流入或投入,然而对社会经济发展水平和城市化率较低的贵州省而言,最不缺乏的就是低技能型的劳动力,但资金却相对短缺,因此,资金的边际效益要远大于劳动力的边际效益,从而使资金密集型行业城镇居民从人口和经济活动聚集中获得的回报也将高于劳动密集型行业的城镇居民从中获得的回报。

表 5.6　城市规模对劳动密集型和资金密集型行业城镇居民收入增长的影响

	被解释变量为 ln(income)		被解释变量为 ln(income2)	
	劳动密集型行业	资金密集型行业	劳动密集型行业	资金密集型行业
城市规模	0.0624*	0.1506***	0.1360**	0.1955***
	(0.0297)	(0.0351)	(0.0565)	(0.0448)
个人特征	控制	控制	控制	控制
城市特征	控制	控制	控制	控制
R^2	0.1877	0.1625	0.0717	0.1322
观测值	491	291	491	291

5.3.2.2　按垄断程度分行业

表 5.7 给出了城市规模对垄断程度较高行业和垄断程度较低行业城镇居民个人收入和家庭收入增长的影响结果。估计结果显示,在被解释变量为城镇居民个人收入和被解释变量为城镇居民家庭收入的回归中,城市规

---

[1] 第三章中的结论是:与资金密集型行业城镇居民相比,城市规模扩张对劳动密集型行业城镇居民收入增长的拉动作用更大,即劳动密集型行业城镇居民从城市规模扩张中获益更大.

模变量对垄断程度较高行业和垄断程度较低行业城镇居民样本的回归系数都显著为正。这说明，城市人口规模的扩张对垄断程度较高行业和垄断程度较低行业城镇居民个人收入和家庭收入的增长都具有显著的促进和拉动作用。估计系数进一步显示，城市人口数量的增加和经济活动的聚集，对垄断程度较高行业城镇居民个人收入和家庭收入的促进作用，都小于对垄断程度较低行业城镇居民个人收入和家庭收入的促进作用，即与垄断程度较高行业的城镇居民相比，大城市规模对垄断程度较低行业城镇居民更有利。这与第三章的结论[1]也是相悖的，这可能是因为，与社会经济发展水平较高的城市和地区相比，贵州省的社会经济和城市化发展水平都较低，市场的竞争机制相对欠缺，从而导致人口和经济活动的聚集，对垄断程度较低行业城镇居民个人和家庭收入增长的拉动作用，大于对垄断程度较高行业城镇居民个人收入和家庭收入增长的拉动作用。

表 5.7　城市规模对不同垄断程度行业城镇居民收入增长的影响

	被解释变量为 ln(income)		被解释变量为 ln(income2)	
	垄断程度较高	垄断程度较低	垄断程度较高	垄断程度较低
城市规模	0.0999***	0.8761*	0.1547***	0.1784**
	（0.0175）	（0.4171）	（0.0430）	（0.0633）
个人特征	控制	控制	控制	控制
城市特征	控制	控制	控制	控制
R^2	0.1460	0.2150	0.0752	0.1781
观测值	586	196	586	196

注：***、**、*分别表示在 1%、5%和 10%的显著性水平上显著；括号里的数值是经过城市层面聚类修正的稳健性标准差。

5.3.2.3　按开放度分行业

表 5.8 给出了城市规模对可贸易品行业和不可贸易品行业城镇居民个人收入和家庭收入的影响结果。估计结果显示，在被解释变量为城镇居民个人收入和被解释变量为城镇居民家庭收入的回归中，城市规模变量对可贸易品行业和不可贸易品行业城镇居民样本的回归系数都显著为正。这说明，城市人口数量的增加和经济活动的聚集，对可贸易品行业和不可贸易

---

[1] 第三章中的结论是：城市规模对垄断程度较低行业城镇居民收入增长的拉动作用，要小于对垄断程度较高行业城镇居民实际收入增长的拉动作用。

品行业城镇居民个人收入和家庭收入的增长都具有显著的促进和拉动作用。回归结果还显示，城市人口数量的增加和经济活动的聚集，对可贸易品行业城镇居民个人收入和家庭收入增长的促进作用，都大于对不可贸易品行业城镇居民个人收入和家庭收入增长的促进作用，即与不可贸易品行业的城镇居民相比，较大的城市规模对可贸易品行业城镇居民更有益。这与第三章的实证结论[1]相悖，可能是因为对于经济和城市发展都较落后的贵州而言，随着城市人口和经济活动的聚集，信息的传输使其他地区对该地区的特有资源有了更为深刻的认识，导致对可贸易品部门商品和服务的市场需求扩大，进而导致可贸易品部门的价格上涨幅度大于不可贸易品部门的价格增长幅度，从而出现贵州调研数据实证结果显示的结果，即城市人口数量的增加，对可贸易品行业城镇居民个人收入和家庭收入增长的促进作用，都大于对不可贸易品行业城镇居民个人收入和家庭收入增长的促进作用，即与不可贸易品行业的城镇居民相比，可贸易品行业城镇居民从人口和经济活动聚集中获益更大。

表 5.8 城市规模对可贸易行业和不可贸易行业城镇居民收入的影响

	被解释变量为 ln(income)		被解释变量为 ln(income2)	
	可贸易行业	不可贸易行业	可贸易行业	不可贸易行业
城市规模	0.1196**	0.0753***	0.1910***	0.1688***
	（0.0431）	（0.0236）	（0.0526）	（0.0513）
个人特征	控制	控制	控制	控制
城市特征	控制	控制	控制	控制
R^2	0.1562	0.2102	0.1417	0.0759
观测值	303	353	303	353

注：***、**、*分别表示在 1%、5%和 10%的显著性水平上显著；括号里的数值是经过城市层面聚类修正的稳健性标准差。

5.3.3 对不同产业城镇居民收入增长的影响

表 5.9 给出了城市规模对第二产业和第三产业城镇居民个人收入和家庭收入增长的影响。估计结果显示，在被解释变量为城镇居民个人收入和被解释变量为城镇居民家庭收入的回归中，城市规模变量对第二产业城镇

---

[1] 第三章的实证结论：城市规模对不可贸易品部门城镇居民收入的拉动作用，大于对可贸易品部门城镇居民收入的拉动作用．

居民个人收入及家庭收入的 OLS 估计系数都没有通过显著性检验，说明城市规模对第二产业城镇居民个人收入和家庭收入的增长都没有显著影响；城市规模变量对第三产业城镇居民个人收入和家庭收入的 OLS 估计系数都显著为正，说明城市规模扩张对第三产业城镇居民个人收入和家庭收入的增长都具有显著的正向影响。城市规模变量的估计系数进一步显示，在其他因素不变的情况下，较大的城市规模对第三产业城镇居民个人收入和家庭收入的促进作用，都大于对第二产业城镇居民的促进作用，即与第二产业城镇居民相比，第三产业城镇居民从人口和经济活动聚集中获益更大。这与第三章的实证结论[1]不一致，可能是由于对于环境资源丰富的贵州而言，随着人口和经济活动的聚集，第三产业的发展更为迅速，从而出现贵州调研数据实证结果显示的结果，即在其他因素不变的情况下，人口和经济活动的进一步集聚，对第三产业城镇居民个人收入和家庭收入的促进作用，都大于对第二产业城镇居民个人收入和家庭收入的促进作用，即与第二产业城镇居民相比，较大的城市规模对第三产业城镇居民更有益。

表 5.9 城市规模对第二产业和第三产业城镇居民收入增长的影响

	被解释变量为 ln(income)		被解释变量为 ln(income2)	
	第二产业	第三产业	第二产业	第三产业
城市规模	0.0362	0.1043***	0.0621	0.1730***
	（0.0426）	（0.0269）	（0.0778）	（0.0470）
个人特征	控制	控制	控制	控制
城市特征	控制	控制	控制	控制
R^2	0.2510	0.1402	0.1456	0.0825
观测值	97	685	97	685

注：***、**、*分别表示在 1%、5%和 10%的显著性水平上显著；括号里的数值是经过城市层面聚类修正的稳健性标准差。

5.4 城市规模对城镇居民内部收入差距的影响

表 5.10 给出了城市规模对不同收入组城镇居民个人收入增长的影响结

---

[1] 城市规模对第二产业城镇居民收入增长的拉动作用最大，与其他产业相比，第二产业城镇居民从人口和经济集聚中获益最大.

果。回归结果显示，城市规模变量对各个收入组的估计系数都显著为正，说明城市规模对各收入组城镇居民个人收入的增长具有显著的正向影响。从城市规模变量的估计系数还可以看出，城市规模对高收入组城镇居民个人收入增长的拉动作用最大，对低收入组城镇居民个人收入增长的拉动作用最小，并且随着收入水平的不断提高，人口数量的增加和经济活动集聚对城镇居民个人收入增长的影响基本上呈现递增的趋势，即收入水平越高，城市规模对城镇居民个人收入增长的拉动作用就越大。这一结果进一步说明，人口和经济活动的进一步集聚拉大了城镇居民内部个人收入的差距。

表 5.10 城市规模对不同居民收入组城镇居民个人收入增长的影响

	低收入组	较低收入组	中等收入组	较高收入组	高收入组
城市规模	0.0001**	0.0492**	0.0876***	0.0717**	0.1342**
	（0.00004）	（0.0230）	（0.0192）	（0.0306）	（0.0531）
个人特征	控制	控制	控制	控制	控制
城市特征	控制	控制	控制	控制	控制
Pseudo R^2	0.0006	0.1335	0.0131	0.0934	0.1485
观测值	783	783	783	783	783

注：***、**、*分别表示在 1%、5%和 10%的显著性水平上显著；括号里的数值是经过城市层面聚类修正的稳健性标准差。

表 5.11 给出了城市规模对不同收入组城镇居民家庭收入增长的影响结果。回归结果显示，城市规模变量对各个收入组的估计系数都显著为正，说明城市规模对各收入组城镇居民家庭收入的增长都具有显著的拉动和促进作用。从城市规模变量的回归系数值可以看出，在其他因素不变的情况下，城市规模对较高收入组城镇居民家庭收入增长的拉动作用最大，对高收入组城镇居民家庭收入增长的拉动作用最小，并且随着收入水平的不断提高，人口数量的增加和经济活动集聚，对城镇居民家庭收入增长的影响呈现出倒"N"型的趋势。同时，城市规模对低收入组城镇居民家庭收入增长的影响远高于对高收入组城镇居民家庭收入增长的影响。这一结果进一步说明，人口和经济活动集聚可以在一定程度上缩小城镇居民内部家庭收入的差距。

表 5.11　城市规模对不同居民收入组城镇居民家庭收入增长的影响

	低收入组	较低收入组	中等收入组	较高收入组	高收入组
城市规模	0.1435***	0.0897***	0.1862***	0.2317***	0.0698***
	（0.0421）	（0.0011）	（0.0377）	（0.0415）	（0.0096）
个人特征	控制	控制	控制	控制	控制
城市特征	控制	控制	控制	控制	控制
Pseudo R^2	0.0277	0.0350	0.0706	0.0415	0.0082
观测值	783	783	783	783	783

注：***、**、*分别表示在 1%、5%和 10%的显著性水平上显著；括号里的数值是经过城市层面聚类修正的稳健性标准差。

5.5　城市规模影响城镇居民收入的机制

本部分主要对城市规模如何通过人力资本的外部性和技术外溢影响城镇居民个人收入和家庭收入的增长进行实证分析。

表 5.12 给出了城市规模变量对人力资本密集行业和非人力资本密集行业城镇居民个人收入和家庭收入增长的影响。估计结果显示，在被解释变量为城镇居民个人收入和被解释变量为城镇居民家庭收入的回归中，城市规模变量的估计系数都显著为正，说明城市规模对人力资本密集行业和非人力资本密集行业城镇居民个人收入和家庭收入的增长都具有显著的拉动和促进作用。城市规模变量的估计系数值还显示，在其他因素不变的情况下，城市规模对非人力资本密集行业城镇居民个人收入和家庭收入增长的拉动作用，比对人力资本密集行业城镇居民个人收入和家庭收入增长的拉动作用要大，这可以说明城市规模没有显著地通过人力资本的外部效应来促进城镇居民收入增长，这与我们第四章的研究结论[1]完全相悖。

总之，本部分实证检验的结果说明城市规模促进了人力资本行业和非人力资本密集行业城镇居民个人收入和家庭收入的增长，且对非人力资本密集行业城镇居民收入增长的拉动作用更大，即非人力资本密集行业城镇居民从人口和经济活动聚集中获得的收益更大，但城市规模并没有显著地

---

[1] 第四章的研究结论显示：人力资本的外溢效应是城市规模影响城镇居民收入增长的重要途径.

通过人力资本的外部效应和知识外溢作用于城镇居民收入的增长。

表 5.12　城市规模对人力资本密集和非人力资本行业城镇居民收入增长的影响

	被解释变量为 ln(income)		被解释变量为 ln(income2)	
	非人力资本密集行业	人力资本密集行业	非人力资本密集行业	人力资本密集行业
城市规模	0.0947**	0.0912*	0.1717***	0.1536**
	(0.0373)	(0.0299)	(0.0508)	(0.0537)
个人特征	控制	控制	控制	控制
城市特征	控制	控制	控制	控制
R^2	0.1599	0.1786	0.1239	0.0732
观测值	334	448	334	448

注：***、**、*分别表示在 1%、5%和 10%的显著性水平上显著；括号里的数值是经过城市层面聚类修正的稳健性标准差。

表 5.13 给出了城市规模变量对技术密集型行业和非技术密集型行业城镇居民个人收入和家庭收入增长的影响结果。结果显示，在被解释变量为城镇居民个人收入和被解释变量为城镇居民家庭收入的回归中，城市规模变量的估计系数都显著为正，说明城市规模扩大对技术密集行业和非技术密集行业城镇居民个人收入和家庭收入的增长都具有显著的拉动和促进作用。城市规模变量的估计系数值还显示，城市规模对非技术密集型行业城镇居民个人收入和家庭收入增长的拉动作用，比对技术密集型行业城镇居民个人收入和家庭收入增长的拉动作用要大，城市规模没有显著地通过技术外溢作用于城镇居民收入的增长。

表 5.13　城市规模对技术密集和非技术密集行业城镇居民收入增长的影响

	被解释变量为 ln(income)		被解释变量为 ln(income2)	
	非技术密集行业	技术密集型行业	非技术密集行业	技术密集型行业
城市规模	0.1035**	0.0510*	0.1577**	0.1444***
	(0.0359)	(0.0166)	(0.0602)	(0.0257)
个人特征	控制	控制	控制	控制
城市特征	控制	控制	控制	控制
R^2	0.1410	0.2276	0.1025	0.1096
观测值	543	239	543	239

注：***、**、*分别表示在 1%、5%和 10%的显著性水平上显著；括号里的数值是经过城市层面聚类修正的稳健性标准差。

实证检验的结果说明，城市人口数量和经济活动的进一步聚集，促进了技术密集型行业和非技术密集型行业城镇居民收入的增长，且对非技术密集型行业城镇居民收入增长的拉动作用更大，即与技术密集行业的城镇居民相比，非技术密集型行业城镇居民从人口和经济活动聚集中获得的收益更大。这也说明城市规模扩张没有显著地通过技术的外溢作用于城镇居民收入的增长。

总之，人口和经济活动聚集，提高了人力资本密集行业和非人力资本密集型行业，以及技术密集型行业和非技术密集型行业城镇居民的个人收入和家庭收入，但并不能说明人力资本和技术的外溢效应是城市规模提高城镇居民收入增长的重要途径。其原因可能是，对于像贵州这样社会经济发展和城市化建设都比较落后的地区而言，城市规模可能主要是通过提高城镇居民的就业概率来拉动城镇居民收入增长的，即城市规模主要通过就业机制作用于城镇居民收入增长的，但对于这一点还需要进一步的调研和验证。

5.6 结论

综合这一部分的实证结果和分析，我们可以得出如下结论：

（1）在一定的范围内，城市规模对城镇居民个人收入和家庭收入的增长都具有显著的拉动和促进作用。在其他因素不变的情况下，从促进城镇居民收入最大化的意义上来讲，城市的最优规模落在 289.78 万 ~ 483.61 万人的区间上。这与第三章实证研究得到的结论[1]相吻合，这也验证了第三章研究结论的普遍适用性。

（2）城市规模对不同技能水平城镇居民的个人收入和家庭收入增长都具有显著的拉动作用和正向影响。从促进城镇居民个人收入增长的角度来看，城市规模对高技能组城镇居民收入增长的拉动作用，高于对低技能组城镇居民收入增长的拉动作用。这和第三章实证研究的结论相一致。

但从促进城镇居民家庭收入增长的角度来看，城市规模对低技能组城镇居民收入增长的拉动作用，则要高于对高技能组城镇居民收入增长的拉动作用。这与第三章的实证研究结论相悖，原因可能是对于经济发展落后

---

1 第三章得到的结论是：在其他因素不变的情况下，促进城镇居民收入增长最大化的城市规模区间为 286.78 万 ~ 289.45 万人。

和城市化进程较慢的贵州地区来讲,促进城镇居民收入增长的路径可能主要是就业机制,而不是知识、技术外溢。

(3)从分行业和产业的角度看,该部分所得到的结论与第三章实证研究的结果都不一致:

① 城市规模对劳动密集型行业城镇居民个人收入和家庭收入增长的促进作用,都小于对资金密集型行业城镇居民个人收入和家庭收入增长的促进作用,即与劳动密集型行业的城镇居民相比,资金密集型行业从人口和经济活动聚集中获益更大。

② 城市人口规模对垄断程度较高行业城镇居民个人收入和家庭收入增长的促进作用,都小于对垄断程度较低行业城镇居民个人收入和家庭收入增长的促进作用,即与垄断程度较高行业的城镇居民相比,垄断程度较低行业从人口和经济活动聚集中获益更大。

③ 城市规模对可贸易品行业城镇居民个人收入和家庭收入增长的促进作用,都大于对不可贸易品行业城镇居民个人收入和家庭收入增长的促进作用,即与不可贸易品行业的城镇居民相比,可贸易品行业城镇居民从人口和经济活动聚集中获益更大。

④ 城市规模对第三产业城镇居民个人收入和家庭收入增长的促进作用,都大于对第二产业城镇居民个人收入和家庭收入增长的促进作用,即与第二产业城镇居民相比,第三产业城镇居民从人口和经济活动聚集中获益更大。

(4)关于城市规模对不同收入组城镇居民收入增长的影响,实证分析发现:

① 从家庭收入的角度看,城市规模对较高收入组城镇居民家庭收入增长的拉动作用最大,对高收入组城镇居民家庭收入增长的拉动作用最小;城市规模对最低收入组城镇居民家庭收入增长的拉动作用,高于对最高收入组城镇居民家庭收入增长的拉动作用;人口和经济活动的集聚,可以在一定程度上缩小城镇居民内部家庭收入的差距,这与第三章的研究结论基本一致。

② 从个人收入的角度看,城市规模对高收入组城镇居民个人收入增长的拉动作用最大,对低收入组城镇居民个人收入增长的拉动作用最小,且收入水平越高,人口和经济集聚对城镇居民个人收入增长的拉动作用就越大,人口和经济活动集聚进一步拉大了城镇居民内部个人收入的差距,这与第三章的研究结论完全相反。

（5）城市规模提高了人力资本密集型行业和非人力资本型密集行业，以及技术密集型行业和非技术密集型行业城镇居民的个人收入和家庭收入，但并不能说明人力资本和技术的外溢效应是提高城镇居民收入增长的重要途径。这说明，对于像贵州这样社会经济发展和城市化建设都比较落后的地区而言，目前状况下，城市规模尚没有显著地通过人力资本和技术的外溢效应促进城镇居民收入的增长。对于经济发展和城市化建设都比较落后的地区，现阶段，人力资本和技术的外部效应并不是城市规模作用于城镇居民收入增长的主要途径。这与第四章的研究结论也是相悖的。

6 研究结论和政策设计

6.1 研究结论

6.1.1 基于 CHIP2009 的研究结论

利用 2009 年中国家庭收入调查数据（CHIP2009），运用 OLS、工具变量估计和分位数回归方法，实证分析和考察城市规模对城镇居民收入增长的影响及影响机制，得出的研究结论如下：

（1）在一定的范围内，城市规模对城镇居民收入增长具有显著的正向拉动作用，且这种拉动作用呈现出倒"U"型态势，即促进城镇居民收入增长最大化的城市规模是存在的，这和我们的理论预期一致。

（2）由实证研究的结果来看，在控制了个人特征向量和城市特征向量的情况下，促进城镇居民收入增长最大化的城市规模将落在 286.78 万人至 289.45 万人的区间上。

（3）从异质性检验的结果来看：

① 城市规模对不同技能水平城镇居民收入的增长都具有显著的促进作用，并且随着技能水平的提高，城市规模对居民收入增长的促进作用越来越大，即个人技能水平越高，城镇居民从人口和经济活动集聚中获得的收益越大，而面临的冲击则越小。

② 城市规模和经济活动的集聚对劳动密集型行业和资金密集型行业城镇居民收入的增长都具有显著的促进作用，且与资本密集型行业相比，城市规模对劳动密集型行业的城镇居民收入增长的促进作用要更大一些，即相对于资金密集型行业而言，劳动密集型行业城镇居民从人口和经济集聚中获益更大。

③ 城市规模对垄断程度较高行业和垄断程度较低行业城镇居民收入的增长都具有显著的拉动和促进作用。由于市场竞争力量的存在，城市规模对垄断程度较低行业城镇居民收入增长的拉动作用，要小于对垄断程度较

高行业城镇居民收入增长的拉动作用，即与垄断程度较低行业相比，垄断程度较高行业城镇居民从人口和经济集聚中获益更大。

④ 城市规模对不可贸易品行业和可贸易品行业城镇居民收入的增长都具有显著的正向拉动作用，且由于可贸易品部门的开放度和竞争性都较大，因而，不可贸易品部门或行业的城镇居民从人口和经济集聚中得到的收益将更大。

⑤ 城市规模对第一产业、第二产业和第三产业城镇居民的收入增长都具有显著的促进作用。随着人口和经济活动的集聚，第二产业城镇居民收入的增长幅度最大，其次是第三产业城镇居民，收入增长幅度最小的是第一产业的城镇居民，即第二产业城镇居民从人口和经济集聚中获益最大，其次是第三产业城镇居民，第一产业城镇居民从人口和经济集聚中获益最小。

⑥ 城市规模对不同收入组城镇居民收入的增长都具有显著的促进作用，且与高收入组城镇居民相比，城市规模对低收入组城镇居民收入增长的拉动作用将更大。因此，城镇居民内部收入差距的不断扩大不是城市化的必然结果，且人口和经济活动的进一步集聚和城市人口规模的扩张将起到缩小城镇居民内部收入差距的作用。

（4）城市规模对城镇居民就业概率的提高具有显著的促进和拉动作用，特别是对低技能组城镇居民而言，人口和经济集聚为其带来的好处将更大，即通过促进就业拉动城镇居民收入的增长和生活水平的提高，是城市规模影响城镇居民收入，特别是低技能组城镇居民收入的重要途径。

（5）人口和经济活动的集聚促进了人力资本密集行业和非人力资本密集行业城镇居民收入的增长，且与人力资本非密集行业相比，城市规模对人力资本密集行业城镇居民收入增长的拉动作用更大，即人力资本密集行业的城镇居民将从人口和经济集聚中获得更大收益。其机理是：城市规模可以通过人力资本的外部效应和知识外溢作用于城镇居民收入的增长。人力资本的外部效应是城市规模促进城镇居民收入增长，特别是人力资本密集行业城镇居民收入增长的一条重要途径。

（6）城市规模显著促进了技术密集型行业和非技术密集型行业城镇居民收入的增长，且对技术密集型行业城镇居民收入增长的拉动作用更大，即与非技术密集型行业的城镇居民相比，技术密集型行业城镇居民从人口和经济集聚中获得的收益更大。其机理是：城市规模可以通过技术的外溢作用于城镇居民，特别是技术密集型行业城镇居民收入的增长。技术外溢也是城市规模促进城镇居民收入增长的一条重要途径。

（7）由于资源的共享，以及人口、经济活动集聚带来的技术创新和劳动生产率的提高，使得城市提供公共服务的平均成本和企业的生产成本降低，导致城镇居民的就业概率和收入水平提高。这也是城市规模促进城镇居民收入增长的一个途径。但其实质，还是就业机制和技术外溢共同作用的结果。因此，就业机制、人力资本和技术的外溢效应是城市规模拉动城镇居民收入增长的根本机制。

6.1.2 基于 GZURICS2014 的研究结论

利用 2014 年贵州城镇居民收入与消费调查数据（GZURICS2014），运用最小二乘法，实证分析和考察城市规模对城镇居民收入增长的影响及影响机制，得出的研究结论如下：

（1）在一定的范围内，城市规模对城镇居民个人收入和家庭收入的增长都具有显著的拉动和促进作用。在其他因素不变的情况下，从促进城镇居民收入最大化的意义上来讲，城市的最优规模落在 289.78 万人至 483.61 万人的区间上。这与第三章实证研究得到的结论[1]相吻合，这也验证了第三章研究结论的普遍适用性。

（2）城市规模对不同技能水平城镇居民的个人收入和家庭收入增长都具有显著的拉动作用和正向影响。从促进城镇居民个人收入增长的角度来看，城市规模对高技能组城镇居民收入增长的拉动作用，高于对低技能组城镇居民收入增长的拉动作用。这和第三章实证研究的结论相一致。

但从促进城镇居民家庭收入增长的角度来看，城市规模对低技能组城镇居民收入增长的拉动作用，则要高于对高技能组城镇居民收入增长的拉动作用。这与第三章的实证研究结论相悖。

（3）从分行业和产业的角度看，该部分所得到的结论与第三章实证研究的结果都不一致：

① 城市规模对劳动密集型行业城镇居民个人收入和家庭收入增长的促进作用，都小于对资金密集型行业城镇居民个人收入和家庭收入增长的促进作用，即与劳动密集型行业的城镇居民相比，资金密集型行业从人口和经济活动聚集中获益更大。

② 城市人口规模对垄断程度较高行业城镇居民个人收入和家庭收入增

---

1 第三章得到的结论是：在其他因素不变的情况下，促进城镇居民收入增长最大化的城市规模区间为 286.78 万～289.45 万人。

长的促进作用，都小于对垄断程度较低行业城镇居民个人收入和家庭收入增长的促进作用，即与垄断程度较高行业的城镇居民相比，垄断程度较低行业从人口和经济活动聚集中获益更大。

③ 城市规模对可贸易品行业城镇居民个人收入和家庭收入增长的促进作用，都大于对不可贸易品行业城镇居民个人收入和家庭收入增长的促进作用，即与不可贸易品行业的城镇居民相比，可贸易品行业城镇居民从人口和经济活动聚集中获益更大。

④ 城市规模对第三产业城镇居民个人收入和家庭收入增长的促进作用，都大于对第二产业城镇居民个人收入和家庭收入增长的促进作用，即与第二产业城镇居民相比，第三产业城镇居民从人口和经济活动聚集中获益更大。

（4）关于城市规模对不同收入组城镇居民收入增长的影响，实证分析发现：

① 从家庭收入的角度看，城市规模对较高收入组城镇居民家庭收入增长的拉动作用最大，对高收入组城镇居民家庭收入增长的拉动作用最小；城市规模对最低收入组城镇居民家庭收入增长的拉动作用，高于对最高收入组城镇居民家庭收入增长的拉动作用；人口和经济活动的集聚，可以在一定程度上缩小城镇居民内部家庭收入的差距，这与第三章的研究结论基本一致。

② 从个人收入的角度看，城市规模对高收入组城镇居民个人收入增长的拉动作用最大，对低收入组城镇居民个人收入增长的拉动作用最小，且收入水平越高，人口和经济集聚对城镇居民个人收入增长的拉动作用就越大；人口和经济活动集聚进一步拉大了城镇居民内部个人收入的差距，这与第三章的研究结论完全相反。

（5）城市规模提高了人力资本密集型行业和非人力资本型密集行业，以及技术密集型行业和非技术密集型行业城镇居民的个人收入和家庭收入，但并不能说明人力资本和技术的外溢效应是提高城镇居民收入增长的重要途径。

6.2 政策设计

综合上述研究发现和结论，我国城市化的进一步发展可以从以下几个方面进行考虑：

(1)加快城市化进程,仍然沿用大力发展大城市的政策。

根据 2014 年国务院《关于调整城市规模划分标准的通知》[1],本研究的实证结论指出,在其他因素不变的情况下,能使城镇居民收入增长最大化的城市规模区间,落在了Ⅱ型大城市的范围内。而就我国当前的城市规模发展状况(见表 6.1)而言,656 个地级及以上城市和县级市中,中等城市和小城市共 461 个,约占城市总数的 70.3%,Ⅱ型大城市比重约为 26.5%,超大城市、特大城市和Ⅰ型大城市所占比重最小,三类城市约共占城市总数的 3.2%。这说明,加快中小城市规模的扩大和社会经济的协调发展仍然是未来一段时间我国城市化建设的重点。

表 6.1 2012 年中国城市规模构成　　　　　　单位:个

城市类型	合计	超大城市	特大城市	大城市			中等城市	小城市		
				Ⅰ型	Ⅱ型	合计		Ⅰ型	Ⅱ型	合计
地级及以上城市	289	3	9	9	106	115	108	50	4	54
县级市	367	0	0	0	68	68	167	96	36	132
总计	656	3	9	9	174	183	275	146	40	186

数据来源:根据 2013 年中国城市统计年鉴计算整理得到。

根据本研究的研究结果,能使城镇居民收入增长最大化的城市规模约为 289 万人左右,而中小城市的人口规模距离该规模水平尚有很大的一段距离,这也意味着中小型城市的规模效率和集聚效益尚未达到最佳的水平,城市资源也未得到最优化的配置和最合理的利用,存在着一定程度的闲置或浪费。从另一个角度来说,中小城市的发现潜力很强劲,城市发展和经济成长还有很大的上升空间,如果能够充分提高中小城市群体的经济效益和规模效率,令其充分发挥城市的中心地位和作用,将会极大地促进和提高我国的城市化和现代化水平[2],进而提高社会的劳动生产率和城镇居民的

---

[1] 该《通知》对我国城市的划分由四类变为了五类,并增加了超大城市的层面,且其他类型城市的上下限也做了相应的扩大和调整。按照新标准,人口数量在 1000 万以上的城市为超大城市,500 万以上 1000 万以下的城市为特大城市,100 万以上 500 万以下的城市为大城市,50 万以上 100 万以下的城市为中等城市,50 万人以下的城市为小城市(所有下限都包括本数,所有上限都不包括本数)。其中,大城市中,300 万以上 500 万以下的城市为Ⅰ型大城市,100 万以上 300 万以下的城市为Ⅱ型大城市.

[2] 马树才,宋丽敏. 我国城市规模发展水平分析与比较研究[J]. 统计研究. 2003,07.

收入水平，促进国民经济的健康、快速、协调发展。

因此，要实现城市化、现代化和国民经济、居民收入水平增长的发展目标，当前和未来较长时期内，需继续坚持沿用大力发展大城市的政策，即引导人口和资源向中小城市聚集，促使这些中小城市逐步发展为大城市，刺激这些城市经济活动的活跃度，充分利用其社会资源，提高其规模效率和聚集效应。

（2）发挥市场机制与政府引导作用，促进中小城市向大城市扩张。

政府可以考虑从现有的中等城市甚至小城市中选择一批基础和发展前景较好的城市作为重点建设的对象，并明确对其给予一定的投资、就业等方面的优惠政策和其他鼓励政策[1]，以加速这些样板城市的发展。样板城市的选择标准应包括：合理的城市布局，良好的或可改善的基础设施条件，良好的可持续发展产业基础（特别是有新兴产业的生长点或发展传统产业的比较优势），较好的市场环境，高效廉洁的政府和较高的市政管理水平，无明显的资源约束（例如水源匮乏）[2]。这些重点建设城市和样板城市的发展，除了实实在在促进了一批中小城市的规模效率、社会经济发展和城镇居民生活水平提高以外，还向市场发出了一个信号：中小城市具有强劲的发展潜力，是未来城市化和社会经济发展的重点。通过这一信号在市场上的传导，能让市场机制来引导和促使资源向中小城市倾斜和集聚，进而提高中小城市的规模经济效益，促使城市规模和经济发展形成一个良性的循环机制。

（3）改善市场软环境，引导资源向中小城市集聚，促其向大城市扩张。

除了制度因素造成和导致中小城市吸引力低于大城市以外，较差的市场软环境也是造成人口和经济活动向中小城市聚集缓慢的一个很重要的原因，尤其是一些欠发达地区，政策透明度较差，政府部门办事效率低或腐败，同时还存在行政割据和地方封锁等影响市场运行的体制和政策障碍。这些因素的存在，不仅严重影响了中小城市产业结构的调整和优化升级，阻碍了城市经济的快速发展，还大幅度降低了其对人口、经济活动和资源的吸引力，导致中小城市人口经济活动和资源聚集缓慢，城市经济缺乏活

---

1 王小鲁，夏小林. 优化城市规模，推动经济增长. 经济研究. 1999, 09.
2 王小鲁，夏小林. 优化城市规模，推动经济增长. 经济研究. 1999, 09；我国区域性中心城市发展现状分析[J]. http: //www.cpirc.org；董林. 我国区域性中心城市发展现状分析. 中国信息报. 2005, 11, 10；熊彩云. 影响我国大中城市人口吸纳能力提升的理念及对策[J]. 武汉大学学报（哲学社会科学版）. 2008, 03.

力和创新，社会经济和居民生活水平增长缓慢。因此，改善中小城市的市场环境，建立高效的政府管理体制，清除地方保护主义、官僚作风等对资源聚集不利的因素，甚至可以采取一些类似深圳特区初步发展时的招商引资政策和有利于劳动力流动、有利于吸引人才的特殊政策，提高中小城市对资源、人口的吸引力和聚集效益。

（4）有条件地开放户籍制度，不同城市规模予以不同的户籍开放度。

中国的户籍制度扭曲了流动人口对城市公共品的需求，形成效率损失，导致城市规模处于"非优"状态[1]。也就是说，与城市户籍制度相配套的劳动、就业、社会保障以及城市福利等制度，共同形成了阻碍人口迁移和劳动力流动的制度框架[1]。严厉户籍管制下的聚集不足，是造成中小城市规模不经济和资源利用不充分的重要原因。鉴于此，严厉的户籍制度急需改变，特别是由于户籍管理制度而使社会经济发展受到很大限制的中小城市。但是，户籍制度的改变或开放并不是一刀切，而是有条件的，针对不同的城市规模，户籍制度的开放程度也应不同。对于规模经济和聚集效应水平较低的中小城市，户籍制度也应最大限度地开放，甚至在现阶段可以完全开放。对于规模经济和聚集效应接近最佳水平的中等城市，户籍制度的开放度也应该很大，但不能完全开放，以免过犹不及。对于城市规模已经超过最佳规模范围的大城市，户籍制度的开放度应较严格，因为该类城市的规模经济和聚集效应已经得以充分的发挥，人口规模若进一步扩大，这不仅不能为该类城市的社会经济发展、城镇居民收入和生活水平的提高带来好处，反而有可能加剧拥挤效应，从而为城市发展和城镇居民生活带来不利的影响；对该类城市除了严格户籍制度，限制人口规模的进一步扩大以外，还应发展次经济中心，缓解人口集聚带来的拥挤效应和压力。对于人口规模过大的特大城市和超大城市而言，严厉的户籍管理制度是必须的，由于人口和经济活动的集聚，在一定程度上也具有"马太效应"——资源的集聚提高了城市规模效率、无形资产价值（例如城市的名气）和公共服务的质量，而这些又进一步吸引人口、经济活动和资源的进一步集聚，因此，在引导和鼓励中小城市规模扩张的同时，限制人口和经济活动向特大城市、超大城市的进一步集聚，有助于分散和缓解特大、超大城市的人口压力和

---

1 陈秀山，左言庆. 制度约束与多中心条件下的城市规模研究[J]. 经济与管理评论. 2013，05；蔡昉，都阳，王美艳. 劳动力流动的政治经济学[M]. 上海：上海人民出版社，2003.

拥挤效应，同时也更有利于中小城市规模经济和聚集效应水平的提高。

（5）建立务实、有效的政策执行机制。

有效制度和政策的最终实现效果，离不开有效的执行和运行机制。对有效政策的严格执行和贯彻落实，是政策和制度实现其实施效果和目的的、不可或缺的有力保障。因此，坚决肃清政策执行队伍的腐败、暗箱操作、"上有政策、下有对策"等不利于有效政策实施的因素和现象，建立廉洁、高效的政策执行队伍，提高相关部门的政策执行力，促进城市规模和社会经济的良性发展。

6.3 研究展望

结合本研究的研究内容和存在的不足，本研究的后续工作可以尝试从以下几个方面进行下去：

第一，本研究以城镇居民的名义收入和消费价格指数平减后的实际收入来衡量城镇居民的收入状况，但未将城镇居民的可支配收入纳入研究范围，而可支配收入毫无疑问是衡量城镇居民生活水平的一个重要指标，因此，后续研究可以从城镇居民可支配收入的角度入手进行。

第二，从理论上讲，"城市的最优规模应该是一个动态的过程，即随着时间变化，因不同的外部条件而改变"[1]，并且，不同等级的城市都应该有其不同的最优城市规模。因此，可以按照城市人口规模对城市进行分组，讨论不同等级、不同人口规模城市是否存在最优区间，如果存在，该最优规模大致应该在什么样的范围内；还可以按照地区对城市进行分组，讨论不同地区的城市，是否存在最优人口规模，如果存在，该最优规模落在什么样的区间内。

第三，在城市规模对城镇居民收入增长的影响机制分析中，关于城市规模如何通过降低城市发展成本作用于城镇居民收入的增长，以及城市规模扩张如何通过提高制度效率作用于城镇居民收入的增长，本研究仅从理论上给予了分析，尚未找到衡量制度效率和城市发展成本的指标，用经验数据进行验证和检验，这也可以作为进一步研究的一个方向。

---

1 王俊，李佐军. 拥挤效应、经济增长与最优城市规模. 中国人口·资源与环境. 2014，07.

参考文献

[1] 蔡昉,都阳,王美艳. 劳动力流动的政治经济学[M]. 上海:上海人民出版社,2003.

[2] 陈斌. 中国远程高等教育市场经营环境分析[J]. 现代教育技术. 2007,08.

[3] 陈斌开,杨依山,许伟. 中国城镇居民劳动收入差距演变及其原因:1990—2005[J]. 经济研究. 2009,12.

[4] 陈端计. "城市化:中国新世纪发展的挑战与对策"国际研讨会综述[J]. 财经政法资讯. 2001,05.

[5] 陈厚义,胡航,陈常亮. 贵州城市化与新型工业化发展研究[J]. 贵州省软科学研究论文选编(2001—2004). 2005,12.

[6] 陈建宝,丁军军. 分位数回归技术综述[J]. 统计与信息论坛. 2008,03.

[7] 陈继勇,肖光恩. 国外关于聚集经济研究的新进展[J]. 江汉论坛. 2005,04.

[8] 陈其林,林新,尚琳琳. 我国城市化道路选择的实证分析. 中国城市化:实证分析与对策研究[M]. 厦门:厦门大学出版社,2003,7:126-134

[9] 陈强. 高级计量经济学及Stata应用[M]. 北京:高等教育出版社. 2010,10:120-130.

[10] 陈淑清. 城市化:我国经济长期增长的动力之源[J]. 经济与管理研究. 2003(5):20-23.

[11] 陈伟民,蒋华园. 城市规模效益及其发展政策[J]. 财经科学. 2000,04.

[12] 陈秀山,左言庆. 制度约束与多中心条件下的城市规模研究[J]. 经济与管理评论. 2013,03.

[13] 陈雪娟,余向华. 政区建制乡变迁对地区经济增长的影响——基于浙江省台州市路桥区的个案分析[J]. 税务与经济. 2012,01.

[14] 陈甬军,陈爱民. 中国城市化:实证分析与对策研究[M]. 厦门:厦门大学出版社. 2002,6.

[15] 陈甬军. 专题研讨：中国新型城市化道路研究[J]. 东南学术. 2004，04.
[16] 陈钊，陆铭. 教育、人力资本和兼顾公平的经济增长[J]. 上海经济研究，2001，（1）.
[17] 陈志洪. 九十年代上海产业结构变动实证研究. 复旦大学博士论文. 2003.
[18] 陈宗胜，周云波. 体制改革对城镇居民收入差别的影响[J]. 中国社会科学. 2001，06
[19] 陈宗胜，周云波. 城镇居民收入差别级制约其变动的某些因素——就天津市城镇居民家户特征的影响进行的一些讨论[J]. 2002，03.
[20] 程开明，李金昌. 城市偏向、城市化与城乡收入差距的作用机制及动态分析[J]. 数量经济技术经济研究，2007，07.
[21] 程开明. 聚集抑或扩散——城市规模影响城乡收入差距的理论机制及实证分析[J]. 经济理论与经济管理. 2011，08.
[22] 范红忠，张婷，李名良. 城市规模、房价与居民收入差距[J]. 当代财经. 2013，12.
[23] 范剑勇. 中等城市将引领城市化发展. 中国社会科学报. 2010，12，23（7）.
[24] 范剑勇，莫家伟. 城市化模式与经济发展方式转变：兼论城市化的方向选择[J]. 复旦学报（社会科学版）. 2013，03.
[25] 方芳. 明瑟尔人力资本理论[J]. 教育与经济. 2006，02.
[26] 方青. 多元 平等 综合 渐进——我国城市化发展战略[J]. 安徽师范大学学报（人文社会科学版）. 2003，03.
[27] 高虹. 经济聚集的城市劳动力市场效应：基于文献的评论[J]. 世界经济情况. 2014，03.
[28] 高鸿鹰，武康平. 集聚效应、集聚效率与城市规模分布变化[J]. 统计研究. 2007，03.
[29] 高鸿鹰，武康平. 我国城市规模分布 Pareto 指数测算及影响因素分析[J]. 数量经济技术经济研究. 2007，04.
[30] 巩红禹. 内蒙古城镇化进程与经济增长关系的实证研究[J]. 中国乡镇企业会计. 2014，07.
[31] 谷中原. 乡域城镇化及其实现路径[J]. 湖南城市学院学报. 2014，01.
[32] 郭东强. 福建省信息化与城市化的发展[J]. 企业经济. 2004，01.
[33] 郭小弦，张顺. 中国城市居民教育收益率的变动趋势及其收入分配效

应——基于分位数回归模型的分析[J]. 复旦教育论坛. 2014, 05.

[34] 国家计委宏观经济研究院课题组. 中国城镇居民收入差距的影响及适度性分析[J]. 管理世界. 2001, 05

[35] 国务院研究室课题组. 关于城镇居民个人收入差距的分析和建议[J]. 经济研究. 1997, 08.

[36] 何诚颖, 章涛. 城市化的制度变迁与资本市场创新[J]. 南开经济研究. 2001, 06.

[37] 何一民, 范瑛, 付春. 中国城市发展模式研究[J]. 社会科学研究. 2005, 01.

[38] 郝小亮. 最小二乘法原理在既有线测量中的应用[J]. 中国西部科技. 2010, 18.

[39] 宏观经济研究院课题组. 关于"十五"时期实施城市化战略的几个问题[J]. 宏观经济管理, 2000, 04.

[40] 胡春阳. 城市规模对城乡居民收入差距的影响效应研究——基于2000—2010年省际面板数据的实证分析[J]. 湖南商学院学报. 2012, 04.

[41] 黄勇. 城市规模发展的实证分析. 硕博论文库. 2004.

[42] 黄宇慧. 我国城市化水平与经济发展关系的计量分析[J]. 财经问题研究. 2006, 03.

[43] 金相郁. 最佳城市规模理论与实证分析: 以中国三大直辖市为例[J]. 上海经济研究. 2004, 07.

[44] 金相郁. 中国城市规模效率的实证分析: 1990—2001年[J]. 财贸经济. 2006, 6.

[45] 景芝英, 徐雪梅. 试论聚集经济的本质[J]. 财经问题研究. 1998, 11.

[46] 孔繁梅. 浅谈农村剩余劳动力转移的对策[J]. 民营科技. 2009, 01.

[47] 李补喜, 申京苑. 基于分位数回归的审计费用影响因素研究[J]. 会计之友. 2014, 03.

[48] 李传裕. 从人力资本投资角度分析梅州市农村剩余劳动力转移[J]. 人力资源管理. 2014, 04.

[49] 李红. 河北省城市发展研究[J]. 商业研究. 2004, 05.

[50] 李红梅. 居民收入的分位数回归与反事实因素分解. 首都经济贸易大学博士论文, 2012.

[51] 李健英. 论分工制度演进与城市经济聚集. 华南师范大学博士论文. 2003, 07.

[52] 李坤望,刘健. 金融发展如何影响双边股权资本流动[J]. 世界经济. 2012,08.

[53] 李睿. 就业结构转变与城镇化的国际经验及对我国的启示[J]. 山东社会科学,2012,12.

[54] 李实. 中国经济转轨中的劳动力流动模型[J]. 经济研究,1997,01.

[55] 李鑫. 人口增长对经济发展的影响因素分析[J]. 商业时代. 2009,03.

[56] 李新伟. 我国人口城市化水平与发展方向探析[J]. 人口学刊. 2002,08.

[57] 李秀敏,孟昭荣. 我国城市规模对城乡收入差距的影响研究[J]. 兰州商学院学报. 2008,06.

[58] 李秀敏,张丽莉. 城市化的乘数效应:吉林省与浙江省的比较研究[J]. 西南民族大学学报(人文社会科学版). 2011,04.

[59] 李因果,何晓群. 城市规模、产业结构对聚集经济及TFP的影响[J]. 山西财经大学学报. 2010,09.

[60] 林目轩,何琼峰,陈秧分,师迎春,王良健. 城市合理规模的理论探讨和实证——以长沙市区为例[J]. 经济地理. 2007,01.

[61] Lingxin Hao&Daniel Q. Naiman 著. 分位数回归模型. 肖东亮,译. 上海:上海人民出版社,2012,07.

[62] 刘爱梅,杨才德. 市场规模、资源配置与经济增长[J]. 当代经济科学. 2011,1.

[63] 刘健,宋文文. 制度差距如何影响FDI与FPI流动[J]. 经济与管理评论. 2013,01.

[64] 刘剑锋,蒋瑞波. 浙江省产业集聚效应的测算与实证研究[J]. 工业技术经济. 2010,02.

[65] 刘玲玲,周天勇. 对城市规模理论的再认识[J]. 经济经纬. 2006,01.

[66] 刘学军,赵耀辉. 劳动力流动对城市劳动力市场的影响[J]. 经济学(季刊). 2009,02.

[67] 陆立军,周国红. 技术密集型行业对制造业竞争力影响程度研究——以浙江省为例[J]. 科研管理. 2006,02.

[68] 陆铭,陈钊. 城市化、城市倾向的经济政策与城乡收入差距[J]. 经济研究,2004,06.

[69] 陆铭,高虹,佐藤宏. 城市规模与包容性就业[J]. 中国社会科学. 2012,10.

[70] 马草原,李运达,宋树仁. 城镇居民收入差距变动轨迹的总体特征及

分解分析：1988—2008[J]. 经济与管理研究. 2010，09

[71] 马树才，宋丽敏. 我国城市规模发展水平分. 析与比较研究[J]. 统计研究. 2003，07.

[72] 马远. 基于面板模型的城镇化经济绩效区域分异研究——以新疆为例[J]. 软科学. 2012，05.

[73] 麦肯锡全球研究院. 迎接中国十亿城市大军[R]. 2008，03，24.

[74] 毛雁冰，张恒龙. 中国城市化进程对城镇居民收入的影响分析[J]. 山东社会科学. 2014，01.

[75] 牟增芬，孙正林. 基于人力资本理论的新生代农民工培训问题研究[J]. 中国林业经济. 2011，01.

[76] 彭树宏. 中国垄断行业与非垄断行业收入决定机制差异[J]. 中南财经政法大学学报. 2012，06.

[77] 漆畅青，何帆. 亚洲国家城市化的发展及其面临的挑战[J]. 世界经济与政治. 2004，11.

[78] 钱振明. 中国特色城镇化道路研究：现状及发展方向[J]. 苏州大学学报. 2008，03.

[79] 秦玉琴. 新世纪领导干部百科全书（第4卷）[M]. 北京：中国言实出版社，1999，12.

[80] 沈坤荣，蒋锐. 中国城市化对经济增长影响机制的实证研究[J]. 统计研究. 2007，06.

[81] 师云. 城乡一体化发展——北京的新目标[J]. 科技智囊. 2009，02.

[82] 苏瑜，万宇艳. 分位数回归的思想与简单应用[J]. 统计教育. 2009，10

[83] 孙荣飞. "城市化"道路明晰 未来偏爱建大城. 第一财经日报，2008，03，26

[84] 孙志军. 中国教育个人收益率研究：一个文献综述及其政策含义[J]. 中国人口科学. 2004，10.

[85] 谭锐. 住房投资性需求与中国城市规模扩张——基于空间均衡模型的分析[J]. 经济评论. 2013，05.

[86] 檀学文. 大城市过度规模与卫星城政策[J]. 中国农村观察. 2006，06.

[87] 田光进，张增祥，周全斌，乔颜友. 中国城市就业结构的特征及其演变[J]. 地理科学进展. 2002，03.

[88] 田明，李睿. 就业结构转变与城镇化的国际经验及对我国的启示[J]. 山东社会科学，2012，12.

[89] 王必好, 黄浩洁. 寡头垄断市场结构的技术创新效应研究——基于波特兰和古诺均衡分析的视角[J]. 经济评论. 2013, 09.

[90] 王虎. 探析东京圈的形成与整合[J]. 上海经济, 2003, 04.

[91] 王金营. 经济发展中人口城市化与经济增长相关分析比较研究[J]. 中国人口、资源与环境. 2003, 05.

[92] 王俊, 李佐军. 拥挤效应、经济增长与最优城市规模[J]. 中国人口资源与环境. 2014, 07.

[93] 王平. 制度约束与中国城市规模研究. 中国硕博论文. 2012.

[94] 王小鲁, 夏小林. 优化城市规模, 推动经济增长[J]. 经济研究. 1999, 09.

[95] 王小鲁. 灰色收入拉大城镇居民收入差距[J]. 中国改革. 2007, 07.

[96] 王小鲁. 中国城市化路径与城市规模的经济学分析[J]. 经济研究. 2010, 10.

[97] 王行伟. 城市化问题观点综述[J]. 党政干部学刊. 2002, 07.

[98] 王业强. 倒"U"型城市规模效率曲线及其政策含义——基于中国地级以上城市经济、社会和环境效率的比较研究[J]. 财贸经济. 2012. 11.

[99] 温铁军. 中国的城镇化道路与相关制度问题. 开放导报. 2000, 05.

[100] 吴得民. 对我国城镇居民收入分配差距问题的再认识[J]. 经济体制改革. 2002, 01.

[101] 吴宇哲, 鲍海君. 土地资源短缺背景下中国城市化发展模式的战略选择. 中国城市化: 实证分析与对策研究[M]. 厦门: 厦门大学出版社, 2003, 7: 119-125.

[102] 席强敏. 城市效率与城市规模关系的实证分析——基于2001—2009年我国城市面板数据[J]. 经济问题. 2012, 10.

[103] 夏永祥, 余其刚. 世界城市化进程的一般规律和中国的实践. 中国城市化: 实证分析与对策研究[M]. 厦门: 厦门大学出版社, 2003, 7: 3-12.

[104] 肖文, 王平. 外部规模经济、拥挤效应与城市发展: 一个新经济地理学城市模型[J]. 浙江大学学报（人文社会科学版）. 2011, 03.

[105] 肖文, 王平. 外部性、城市规模与城市增长——对长三角地区16个城市的分析[J]. 浙江学刊. 2011, 04.

[106] 谢长青, 范剑勇. 市场潜能、外来人口对区域工资的影响实证分析——以东西部地区差距为视角[J]. 上海财经大学学报. 2012, 03.

[107] 谢小平,王贤彬.城市规模分布演进与经济增长[J].南方经济,2012,06.

[108] 谢扬.中国城镇化战略发展研究——《中国城镇化战略发展研究》总报告摘要[J].城市规划.2003,02.

[109] 熊彩云.影响我国大中城市人口吸纳能力提升的理念及对策[J].武汉大学学报(哲学社会科学版).2008,03.

[110] 徐琴.发达地区县级城市在城市化进程中的地位和作用[J].学海.2001,12.

[111] 许学强,叶嘉安.我国市镇分布城镇化和城市首位度的省际差异分析[C].北京:科学出版社,1988.214-228.

[112] 杨栋.加速上海市郊区城市化途径研究.同济大学博士论文.2008.

[113] 杨开忠,谢燮.中国城市投入产出有效性的数据包络分析[J].地理学与国土研究,2002,18(3):45-47.

[114] 杨天宇.城市化对我国城市内部居民收入差距的影响研究[J].中国人民大学学报.2005,04.

[115] 杨学成,汪冬梅.我国不同规模城市的经济效率和经济成长力的实证研究[J].管理世界.2002,3.

[116] 袁庆明.微观与宏观交易费用测量的进展及其关系研究[J].南京社会科学.2011,03.

[117] 袁庆明.新制度经济学.北京:中国发展出版社,2012,7:67.

[118] 岳昌君,吴淑姣.人力资本的外部性与行业收入差异[J].北京大学教育评论.2005,04

[119] 曾令华,江群,黄泽先.非农就业增长与城市化进程相关性分析[J].经济体制改革.2007,01.

[120] 张长春.我国要素密集型行业划分与优势区分布[J].中国工业经济研究.1994,07.

[121] 张建国.必须重视城市和城市建成区的规模——个影响就业的重要因素[J].宁夏社会科学.2007,01.

[122] 张宏霖.中国城市化与经济发展.中国城市化:实证分析与对策研究[M].厦门:厦门大学出版社,2003,7:42-50.

[123] 张景华.城市化驱动经济增长的机制与实证分析[J].财经科学.2007,05.

[124] 张蕊.中国城市化道路模式探讨[J].西昌师范高等专科学校学

报. 2003, 09.

[125] 张欣. 城市化与中国就业问题. 中国城市化:实证分析与对策研究[M]. 厦门: 厦门大学出版社, 2002, 6: 295-299

[126] 张应武. 基于经济增长视角的中国最优城市规模实证研究[J]. 上海经济研究. 2009, 05.

[127] 赵人伟, 李实. 中国居民收入分配再研究[M]. 北京: 中国财政经济出版社, 1999.

[128] 赵晓岗, 安博文, 李进文, 应莉莉. 一种传像光纤束起点位置搜索的方法[J]. 计算机应用与软件. 2014, 10.

[129] 郑金芳, 邓西录, 王凤京. 繁荣经济 发展小城镇[J]. 小城镇建设. 2002, 11.

[130] 钟笑寒. 劳动力流动与工资差异[J]. 中国社会科学. 2006, 01.

[131] 周密, 张广胜, 黄利, 彭楠. 外来劳动力挤占了本地市民的收入吗?——基于城市规模视角[J]. 上海财经大学学报. 2014, 01.

[132] 周牧之. 中国需要大城市圈发展战略. 中国城市化:实证分析与对策研究[M]. 厦门: 厦门大学出版社, 2003, 7: 135-140.

[133] 周牧之. 中国应选择以大城市圈为核心的城市化模式[J]. 中国城市经济. 2011, 11.

[134] 周普杰. 我国城市化的对策分析[J]. 经济问题. 2003, 05.

[135] 周圣强, 朱卫平. 产业集聚一定能带来经济效率吗: 规模效应与拥挤效应[J]. 产业经济研究. 2013, 03.

[136] 周一星. 城市地理学[M]. 北京: 商务印书馆, 1995: 122-127.

[137] 朱道才, 周加来. 基于集聚经济的我国城市化战略取向[J]. 经济问题探索. 2006, 10.

[138] 朱华友. 经济集聚机理的尺度分异整合及其应用价值研究[J]. 浙江师范大学学报: 社会科学版. 2006, 01.

[139] 朱彤, 刘斌, 李磊. 外资进入对城镇居民收入的影响及差异——基于中国城镇家庭住户收入调查数据（CHIP）的经验研究[J]. 南开经济研究. 2012, 02.

[140] 邹学勇, 张春来, 吴晓旭, 石莎, 钱江, 王仁德. 城镇防沙的理论框架与技术模式[J]. 中国沙漠. 2010, 01.

[141] Aimin Chen. Urbanization and disparities in china: challenges of growth and development[J]. *China Economic Review*, 2002, 13（4）.

[142] Altonji, J .& D. Card. "The effects of immigration on the labor market outcomes of less skilled natives" in Abowd, J. , and R. Freeman (eds.), immigration, trade, and the labor, market. Chicago: University of Chicago Press, 1991.710.

[143] AmottRJ, Stiglitz J E. Aggregate land rents, expenditure on public goods, and optimal city size[J]. *The Quarterly Journal of Economics*, 1979, 93 (4): 471-500.

[144] Au, C. and V. Henderson. "Are Chinese cities too small" [J]. *Review of Economic Studies*, 2006, 73 (2): 549-576.

[145] Borjas, G.. "The labor demand curve is downward sloping: reexamining the impact of immigration on the labor market " [J]. *Quarterly Journal of Economics*, 2003, 118 (4): 1335-1374.

[146] Borjas, G., R. Freeman, and L. Katz. "Searching for the effect of immigration on the labor market" [J]. A merican Economic Review. Papers and Proceedings .1996, 86 (2): 246-251.

[147] Burton A.Weisbrod. Education and investment in Human Capital[J]. *Journal of Political Economy*. 1962, 70 (5): 106-123.

[148] Capello, Roberta and Camagni, Roberto. "Beyond optimal city size: an evaluation of alternative urban growth patterns" [J]. *Urban Studies*. 2000, 9: 1479-1496.

[149] Dobkins, L. H. and Y. M. Ioannides, "spatial interactions among U.S. cities: 1900—1990"[J]. *Regional Science and Urban Economics,* 2001, 31: 701-731.

[150] E.Glaeser&M.Resseger, The zomplementarity between cities and skills. *NBER Working Paper*, 2009, 15.

[151] E.Moretti.Local multipliers[J]. *The American Economic Review*, 2010, 02: 373-377.

[152] Evans A. W.. A pure theory of city size in an industrial economy[J]. *Urban Studies*.1972, (9): 49-77.

[153] Gianmarco I. P. Ottaviano, Giovanni Peri. Rethinking the effect of immigration on wages[J]. *Journal of the European Economic Association*, 2012, 10 (1) .

[154] G. Ottaviano, T. Tabuchi & J. F. Thisse. "Agglomeration and trade

revisited"[J]. *International Economic Review*, 2002, 02: 409-436.

[155] Henderson J V. Efficiency of resource usage and city size[J]. *Journal of Urban Economics*, 1986, 19(1): 47-70.

[156] Krugman, P.. On the number and location of cities[J]. *European Economic Review*, 1993, 37: 293-289.

[157] L.Bertinelli & D.Black. Urbanization and growth[J]. *Journal of Urban Economics,* 2004, 01: 80-96.

[158] L.Sveikauskas, The productivity of cities[J]. *The Quarterly Journal of Economics*, 1975, 03: 393-413.

[159] Maddison, A..Chinese economic performance in the long run. *Development Centre of the OECD.* 2007: 159.

[160] Moomaw R L.Firm Location and city size: reduced productivity advantages as a factor in the decline of manufacturing in urban areas[J]. *Journal of Urban Economics*, 1985, 17(1): 73-89.

[161] Olga Alonso-Villar.Urban agglomeration: knowledge spillovers and product diversity[J]. *Annals of Regional Science*, 2002, 36: 551-573.

[162] O'Sullivan, A. Urban economics. *The McGraw—Hill Companies, Inc.* 2000: 120, 276.

[163] Robert E.Lucas.On the mechanics of economic development[J]. *Journal of Monetary Economics,* 1988, (22): 3-42.

[164] T. Tabuchi & J. F. Thisse & D. Z. Zeng, On the number and size of cities[J]. *Journal of Economic Geography*, 2005, 04: 423-448.

[165] Yang, X.. Development, structural changes and urbanization[J]. *Journal of Development Economics*, 1990, 34: 199-222.

[166] Zheng, Xiao-Ping. Measure optimal population distribution by agglomeration economies and diseconomies: a case study of tokyo[J]. *Urban Studies*, 1998, 35: 95-112.